▍沖縄大学地域共創叢書 01

沖縄の**こども**たち

過去・現在・未来─────

加藤彰彦 編
横山正見

榕樹書林

目 次

序にかえて……………………………………………………………… 1

第1章　沖縄の子どもと共育的関係を育む居場所 ……………… 4

第1節　沖縄の子どもにおける共育的関係への模索……加藤彰彦　5
第2節　開かれた共育への模索………………………嘉数　睦　6
第3節　沖縄県の認可外保育施設の状況及び分析………石田友里　14
第4節　那覇市の学童保育の現状と課題……………嘉数千賀子　23
第5節　聴覚障がい児を中心とした共育的関係の可能性
　　　　………………………………………………横山正見　30
第6節　共育的地域社会の創造
　　　　――「子どもの遊びの場」からの考察………小笠原快　38
第7節　沖縄における「共育的関係」構築への一考察…加藤彰彦　44

第2章　居場所としての家庭 ……………………………………… 51

第1節　居場所としての家庭に関する考察……………加藤彰彦　51
第2節　不登校の子どもたちとその居場所……………嘉数千賀子　53
第3節　開かれた共育への模索
　　　　――ハンセン病回復者の家族………………嘉数　睦　59
第4節　沖縄県における里親制度の変遷と
　　　　ファミリーホームの可能性……………………横山正見　63
第5節　おわりに………………………………………加藤彰彦　71

第3章　那覇市寄宮地域における子ども実態把握調査報告 …………76

　第1節　はじめに………………………………………横山正見　76
　第2節　那覇市立寄宮中学校開校に至る
　　　　　寄宮地域（校区）の歴史・概要………………嘉数　睦　79
　第3節　那覇市および寄宮地域における
　　　　　子どもたちへの取り組み……………………嘉数千賀子　87
　第4節　寄宮地域の子どもたちの実態把握調査アンケート
　　　　　………………………………横山正見・石川幸代　97
　第5節　調査から見えてきた課題及び今後の展望………加藤彰彦　115

第4章　沖縄の子どもにおける共育的環境構築への模索 …………126

　第1節　公民館活動と子どもの居場所
　　　　　——那覇市繁多川公民館の取り組み…………嘉数千賀子　126
　第2節　「寺子屋」エスノグラフィー
　　　　　——聴こえない生徒たちと「寺子屋」という生き方
　　　　　………………………………………………横山正見　135
　第3節　沖縄の子どもに関する現代的課題………………加藤彰彦　171

おわりに ……………………………………………………………… 191
執筆者のプロフィール ……………………………………………… 193


```
第1章　『地域研究』10号より転載・加筆
第2章　『地域研究』12号より転載・加筆
第3章　『地域研究』14号より転載・加筆
第4章　書き下し
```

序にかえて

　沖縄大学は「地域とともに生きる」を基本理念として、戦後沖縄の地域社会の一役を担ってきた。私は縁あって沖縄大学に学び、働く機会を得た。そして、さらに学びたいと考え、沖縄大学大学院に進学した。
　海外からの留学生、定年退職後の方、働きながら学ぶ方など、年齢も経歴も多様な同級生と共に過ごした時間はかけがえのないものだった。所属した加藤研究室でも先輩後輩に恵まれ、たくさんの刺激の中で学ぶことができた。加藤先生は私たちに「足元を掘ってください、そこに鉱脈があります」と各自の身近なテーマに取り組むよう話された。
　しかし、修士論文とは不思議なもので書き終えた時は「書けた」と思うのだが、時間が経つにつれて至らぬ点ばかりが目立ち、必ずしも満足のいくものではないのである。多分多くの方が同じ思いを抱いていたのではないだろうか。
　そんな「もっと学びたい」思いを持つ方々と、加藤先生により沖縄大学地域研究所共同研究班「沖縄の子どもに関する基礎的研究班」が結成され、卒業後も各自のテーマを継続して探求したのである。
　足かけ5年、月1回の勉強会を重ね見えてきたものは、沖縄の子どもたちを取り巻く厳しい現実である。それと共に、地域に根ざした活動が脈々と受け継がれていることも知った。そこに私たちは「共に育つ関係」を見出し、「共育」をキーワードに論考を進めたのである。そして、まとまったのが本書である。

　本書の内容を簡単に紹介しよう。
　1章は、沖縄の各分野における子どもたちの「共に育つ関係」の諸相を探ったものである。学童保育、保育制度、地域環境、ハンセン病と子どもたち、社会的養護など地域の実情に迫った論考が続く。
　行政の手の届かない分野を地域の機関や個人が担っている現状が明らかになったが、それらの活動をいかにして行政とつなげていくかは課題

として残るものだった。

　また、基礎的な社会集団としての家庭の役割が見出されるとともに、ファミリーホームの取り組みのように血縁によらない多様な家庭のあり方が模索された。

　２章では、対象地域を沖縄大学が立地する「寄宮地域」に限定し、中学生へのアンケートから子どもたちの実態把握調査を行った。１人親家庭の比率、食事の状況等から、寄宮地域の子どもたちは、必ずしも十分でない生活環境で過ごしている様子が垣間見えた。しかし、地域の人々と触れ合いを持ち、地域に親しみを感じている生徒の姿もあった。

　寄宮地域には、幼稚園から大学まで各種教育機関が立地しており、この特色を生かした街づくりの可能性を検討した。地域のつなぎ役としての大学の役割が明らかになるものであった。子どもたちの実態と地域の社会資源の再発見や連携は、他の地域にも共通するものだろう。

　３章では、１章を補足する形で、改めて各自がテーマについて執筆した。嘉数千賀子論文では、那覇市繁多川公民館の実践事例を取り上げる。学校やＮＰＯと連携し子どもをテーマとする公民館活動を展開することで学校、家庭と異なる地域の居場所として公民館が機能していることを明らかにしている。

　横山正見論文では、聴覚障がい児の学びの場を聴覚障がい者が運営する「ゆいまーる寺子屋」を取り上げる。子どもたちへのインタビューから、「ゆいまーる寺子屋」が学校とも家庭とも異なる大切な場所であることを明らかにしている。当事者が固有のニーズをもとに子どもたちの居場所をつくることは、学校や社会を緩やかに変化させうることを指摘する。

　加藤彰彦論文では、2015年に実施された沖縄県の「沖縄子ども調査」の結果から、沖縄の子どもの貧困率は全国平均の約２倍というショッキングな現実を押さえ、今後の沖縄の子ども施策について言及する。キーとなるのはライフステージに応じた支援策により貧困の世代間連鎖を断ち切るとともに、地域の中での人間関係を育むことである。貧困の有無

に関わらず、沖縄の子どもたちが人間関係を持っていることに可能性を見出すのである。

　現在、沖縄県内では、子どもの貧困がクローズアップされ、様々な取り組みが始まっている。その裏には、加藤彰彦先生が中心となって関わった「沖縄子ども調査」（2015）がある。この調査により、潜在化していた子どもの貧困が顕在化したことがある。調査研究が現実社会を動かしたと言えよう。

　同じように、本研究がテーマとする「共育」と「地域」、つまり「共に生きる地域」の視座が、沖縄の子どもたちの未来につながることを願ってやまない。

2016年7月
横山　正見

第1章　沖縄の子どもと共育的関係を育む居場所

要　約

　本論文は、沖縄の子どもたちの現状と課題についての分担研究の成果をまとめたものである。まず「開かれた共育への模索」では、これまで充分に目が届かなかった沖縄における病弱児教育とハンセン病児教育の歴史を丁寧に掘り起こし、日記等の作品を通して厳しい現実の中で自分を受け入れ存在を認めてくれる関係、つまり共育的関係を子どもたちが求めていることを明らかにしている。その上で、現状と課題の実証的分析を行っている。

　「沖縄県の認可外保育施設の現状と分析」では、全国で最も認可外保育が多い沖縄の実態と、その社会的背景を明らかにしている。その現実からの脱出のため「子ども・子育て新システム」の活用、という大胆な仮説を提出している。「那覇市の学童保育の現状と課題」では、公立2か所、民間41か所、という現状を踏まえ、共通する問題点として面積の狭さ、設備の不十分さを指摘し、力量のある指導員の重要性とガイドラインの設定についてまとめている。

　「聴覚障がい児を中心とした共育的関係の可能性」では、聴覚障がい者自身が、同じ障がいの子どもたちとの学びの場「寺子屋」をつくることによって共育的関係を構築している状況を、連絡帳の文章を通して明らかにしている。

　最後に、那覇市A地域をモデルにした「共育的地域社会の創造」では、少子高齢化とコミュニティの希薄化の中で「子どもの遊び場」空間と地域の活性化の可能性について論じている。

　以上の研究を踏まえ、現代では共育的関係の構築がコミュニティや学校にとって大切であることが確認され、そのための条件づくりの必要性が明らかになった。

第１節　沖縄の子どもにおける共育的関係への模索

加藤彰彦

　沖縄の子どもに関する基礎的研究のため、「病弱児教育」「認可外保育」「学童保育」「障がい児の地域共育」「地域社会」の視点から調査を行った。

　「開かれた共育への模索」（嘉数睦執筆）は、戦後、宮古南静園小学校（ハンセン氏病療養所内の学校）で行われた教育実践、子どもの様子を日記等を読み解くことで成長過程を明らかにし、開かれた関係の中で、子どもたちが生き生きとすることを実証している。現在も病気による長期欠席者は多いが共育的関係づくりの支援が少ない。そこで、実態調査、ニーズ調査をもとにして、新たな対応をすることを提案している。

　「沖縄県の認可外保育施設の状況と分析」（石田友里執筆）では、認可外保育の多い沖縄にとって、新システムはプラスに作用するのではないか、との仮説からより一層、沖縄の子育ての現状を深める視点を提出した。

　「那覇市の学童保育の現状と課題」（嘉数千賀子執筆）では、那覇市の学童保育が公立２か所、民間41か所という現状を踏まえ、共通する問題点を専有面積の狭さ、設備の不十分さ等の面から指摘する。その中でモデルとなる学童クラブを分析し、地域、学校とのつながりを基本として、力量のある指導員の存在の重要性を指摘している。

　「聴覚障がい児を中心とした共育的関係の可能性」（横山正見執筆）では、聴覚障がい者が当事者として、自分の思いを表現し、受け止められる場をつくったことからコミュニケーションを媒介として、自分の生き方を実現する展望が見えてきたことを考察している。

　「共育的地域社会の創造──『子どもの遊び場』からの考察」（小笠原快執筆）では、地域市民の関心は「道路環境の整備」と「子どもの遊び場不足」に集中しており、子どもの遊び場（公園）と高齢者の社会参加をつなげ、市民と行政による、子ども、高齢者、市民の居場所づくりが課題であることを指摘している。

　これら５つの視点からの考察を経て、沖縄においては、新たな「共育的関係」の模索が求められていることを明らかにしている。

第2節　開かれた共育への模索　　　　　　　　嘉数　睦

　沖縄の子どもたちの共育的関係への模索について、病気療養のため長期にわたり家族と離れる環境での子どもの育ちを作文から考察する。
　かつては、ハンセン病は「らい病」「ハンゼン氏病」と称され、罹患すれば療養所に「隔離」された。療養所内の学校には、隔離された学齢児が在籍した。ハンセン病療養所「宮古南静園」内の学校「稲沖小中学校」（以下「稲沖校」）の「学校日誌」（1952～1979年記録、以下「日誌」）と、1954年10月に入所者により創刊、編集された隔月発行の機関誌「南静 NANSEI」（以下「南静」）に掲載された児童生徒の作文をもとに現在の病気療養児の作文（県立森川特別支援学校文集）から病気療養児の学校生活の状況や思いを取り上げる[1]。そして、沖縄県における病気による長期欠席児童、病弱児の現状と学校・生活環境を考える。

Ⅰ．沖縄県における病弱児教育とハンセン病児教育の歴史

　沖縄県の病気療養の子どもを対象とした公教育の開始は、1951年からである。その対象はハンセン病児であった。初めに開校したのが、ハンセン病療養所「国立療養所沖縄愛楽園」の「沖縄群島政府立澄井小学校・中学校」（以下「澄井校」）である。1952年、次いで開校した「稲沖校」の校名には「琉球政府立」がついた[2]。
　「強制収容、隔離」のハンセン病対策制度の中で公立学校として開校したこの2校は、その後、1972年の本土復帰で「沖縄県立那覇養護学校」の分校となり、1979年の養護学校義務制にて各地域に開校した知的障害養護学校の分校に校名を変更した。1981年、各療養所に学齢児の入所はなくなり閉校となった。同じく結核療養所内の学校「琉球政府立鏡が丘兼城分校」も閉じた。「澄井校」は、1953年75名の在籍をピークに、30年間で延べ815人、「稲沖校」には、1953年に最大31名が在籍し、29年間で延べ321名が在籍した。2校に在籍したハンセン病の児童生徒数の推移[3]をグラフにしたのが図表1である。

「日誌」により、学校の日課等の掌握はできたが、子どもの状況をうかがい知ることのできる授業記録や学校文集は見当たらなかった。そこで、南静園機関紙「南静」創刊号[4]に掲載された作文①（8頁）と②（7頁）及び、「開園25周年特集号」[5]から作文③（13頁）を取り上げ、当時の子どもの状況を考察する。各作品の補足と解説を「日誌」の記録から行った。また当時の状況は「沖縄県ハンセン病証言集　宮古南静園編」[6]を参考にした。各作品の番号と下線は、筆者によるものである。

図表1　稲沖、澄井校別在籍者数の推移

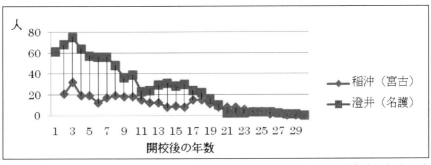

出典：「沖縄の特殊教育」沖縄県教育委員会（1983）

Ⅱ．作品等の紹介と解説

①「けんか」　　中二　　〇町〇男
　「Aと言う生徒とBと言う生徒がにらみ合ってけんかをしていた。目ざとくそれを見た義長さんが取分けて注意を与えた。『そんなみにくい行動は止めようじゃないか。』と、しかし二人はその言葉を聞いたか聞かないのかまたも組合った。見ていた生徒の中から『あきるまでさせろ』とか『やめよ』とかの声が飛んだ。あきるまでさせろという言い方が強かったらしく誰も手を出すものがいなかった。（略）今まで黙って見ておられたお父さんは、見るに見かねて二人を呼び寄せた。『誰が悪いかしらないが…』と云つてしばらく諭した。（略）そこへ先生がいらっしゃって二人を連れ去った。彼等は二度とこうした行動はとるまいと心の中で誓ったであろう」

(補足・解説)
　児童生徒は、6時起床、朝食後登校。昼食で寮に戻るが、1日6時間の授業があり、午前中に30分程度、病棟での治療時間が日程に組まれていた。1日1回の治療時間以外には安静等の制限もなく、児童生徒は1日の大半を学校で過ごし、15時30分頃授業が終わると療養所の日課に戻る。この作文は夕食後から21時消燈までの間の活動と思われる。
　作者が在籍した1954年、男子は小学生2名と中学生12名である。「けんか」は中学生同士であろう。「あきるまでさせろというのが強かった」と書いている。喧嘩でも存分にしたい、時間を区切らずにさせろという、決められた生活の時間への不満が伝わる。最初の仲裁者「義長さん」とは、学級委員長のことであろう。「お父さん」とは、療養所内の「児童寮」(若葉寮)と称する男女別の子ども寮に配置された入所者(夫婦)のことで、親代わりで面倒を見るその夫婦をお父さん、お母さんと呼んでいた。喧嘩仲裁は難しいのか結局大人が介入することになる。それを期待し解決を予想する作者は、大人目線である。
　以下に紹介する②「お母さん」には、母親を気遣う思いが綴られている。そして、児童生徒の多くが療養所から出られない日々と将来に不安を持っていることを感じる。

②「お母さん」　　小四　〇原〇男
　なつかしいお母さん　ぼくのためにいつもくる
　雨の降る日にも面会に来る
　バスがなくてもあるいてくる
　ぼくのお母さん　　ほんとうにいいお母さん
　だけどかわいそうだ
　お父さんは死んだしぼくはこうして南静園にいる
　一人ぼっちで　ほんとうにさびしいだろうな
　めんかいに来たら、病気のことと、勉強のことを聞く
　そしていつごろ家に帰れるかをかならず聞く
　だがぼくはいつもだまっている

（補足・解説）
　1954年当時、「稲沖小中学校」には19名在籍しており、小学生は4名である。その1人②の作者は、入所したばかりではないが、家に帰る機会が少ないのであろうか、家の様子が変わったことを知っているが確かめることもないまま、お母さんのことを毎日心配している。
　「面会に来てくれるいいお母さん」だけど、嬉しい気持ちになれずに、お母さんを気遣い、心配している。寂しさを悟られないように作者は黙ってしまう。作者のように親の立場を察し、病気になった自分を責め、甘えたい気持ちを抑えている子は多い。
　教師たちは、親から離された子どもたちが気がかりであった。親との接触の機会のため、父兄会や運動会を企画し、帰省などの配慮をするが、中には帰省をためらうことがあった。退園することなく留まる卒業生の1人は、家族が親戚や地域から疎まれていることを見ていて、帰省ができなかったと述懐した。
　1956年4月発行「開園25周年特集号」に掲載された③の作文（13頁）により、子どもの病気への理解と心情を読み取ることができる。③は、大城立裕、船越義彰等5名の選者によって選考された「児童文芸」の佳作となった作文である。選者の1人、大村武史氏は、「気分を損なうような字のまずさや誤字、脱字、行替えの不慣、大げさなもったいぶった文章の飾りがなく、一気に全部読み終えた。どれも素直な表現に幾度も感心した。」と感想を述べている。

③「足の1本指」　　小五　〇玄〇男
　「僕の左の足の指は、らいという病気のために四本も切れ落ちてしまった。それで僕には、下駄がはけない。毎日くつばかりはいている。友だちが下駄を気持ちよさそうにはいて走っているのを見ると、僕の足もたこのようにはえないものかなあと考えたりするが、まさかたこでもないし、二度とはえないだろう。
　僕は下駄の配給がある場合、友だちは皆、新しい下駄をもらっているうれしそうな姿をみる時、自分にもあんなに自由にげたがはけたらなとうらやましい。1本指では、下駄ははけないので、その指は特別

に長く見え、そして友だちがいないので、一人さびしそうだ。くつしたをはいてもかならず、１本指がつゝぽかしてやぶってしまうので友だちは、よく『こんなじゃ　いっそのこと切ってすてたほうがいいだろう』というけれど、この１本のためにどうやら足らしく見えるのに、この残っている１本を切ってしまえば、ぼくの足はかえってみぐるしくみえるだろう。

　しかし、ぼくたちの周囲には、手の指も、足の指もない人もたくさんいるんだ。ぼく一人だけではないんだ。指のことなんか気にしないでうんと治療にはげもう。うんと勉強しようと僕は自分にいい聞かせている」

（補足・解説）
　作文が「南静」に掲載された1956年４月、作者は進級し６年生になっており、同級生は５名である。当時、「稲沖校」には、小学生は他に５年生１名、中学３年生が６名、合計12名が在籍していた。
　作者は、自分の病気について「らい」という「病名」と「足の指が４本切れ落ちた」という「病状」で「下駄がはけない」という不便さ、不自由さをはっきり述べている。多くの子が自分の病気を「病気」や「人に嫌がられる病気」「南静園」等で表現している中で、「らい」と病名をはっきり書き、自分の足の指が欠損している状態を題材にしている点で、他の作文と違う。
　作者は、素直に足の指が揃い下駄が履ける「うれしそうな友だち」が「うらやましい」と言う。そして、１本の残った指に対して「友だちがいないので、一人さびしそうだ」でも、この「１本でどうやら足らしく見える」「１本を切ってしまえば、かえって僕の足は見苦しく見える」と言い切る。
　小学校五年生で、他者と違う自分の身体を見つめ、受け入れることができたのは、「周囲に手の指、足の指が無い人がたくさんいる。僕１人だけではない」という療養所体験によるのであろうか。小学生の作者が自分を奮い立たせるように「治療にはげもう。勉強しよう」と言えるには、作者の心に触れ、寄り添い、励まし、誉めながらもありのまま受け入れてくれる大人が側に居たのではないか、と推測する。

Ⅲ．現在の特別な支援を要する病弱児

　病気で親元を離れて暮らす子ども、病棟で勉強する子どもは現在もいる。家で療養を続ける子どももいる。沖縄において、病気の子どもを対象とし、入院している児童生徒への病棟訪問指導を行う「県立森川養護学校（2009年「特別支援学校」に校名変更）」が1979年に開校した。以下に紹介する④の作者は、入院中、森川養護学校に転校し、院内訪問学級で勉強した小学校5年生である。「平成21年度文集」[7]から紹介する。

④「将来の夢」　　小五　〇村〇子
　「私は、将来特別支援学校の先生になろうと思っています。なぜかというと、今病気で入院している経験を生かしたいと思うからです。私は、病気の子ども達の気持ちをわかってあげられるいい先生になりたいです。それから入院している皆にも、病気人でも楽しく遊んだり、楽しく勉強できるんだよと教えてあげたいです。今、私は薬の副作用で車いすだけれど、とても楽しく、普通に生活をしています。でも、それは先生との勉強が楽しいからです。もう少しで退院なので、勉強もたくさんして特別支援学校の先生になる夢をかなえたいです」

（補足・解説）
　④の作文にある「将来」「夢」「病気の経験を生かす」「病気の人でも楽しい」「学校の先生になる」「薬の副作用」等の言葉は、「稲沖校」の児童生徒の作文には出てこなかったことに気づく。
　その違いは、「退所・退院」の希望が子どもにあったかどうかである。療養する日常の場が病院であれば、その日常は子どもにとって経験のないことばかりである。そして、恐怖や不安を味わうのは大人も子どもも一緒である。ただ、子どもは「退院して家に戻る」という希望を持つ。「稲沖校」の子どもは、病気が治って家に戻っても周囲からは、まだハンセン病人として見られていた。「病気人でも楽しく遊んだり、楽しく勉強できるんだよと教えてあげたいです」「私は薬の副作用で車いすだけれど、とても楽しく、普通に生活をしています」の気持ちは、家族にさえ言え

なかった。ましてや「病気の経験を生かす」機会はなく、隠すことが生活のすべてであった。

Ⅳ. まとめ

①現在の病弱教育の対象児童

　平成22年度現在、沖縄県において病弱教育の対象となる義務教育段階における特別支援学級・学校に在籍する病弱児は34人である[8]。

　その数は、沖縄県の特別支援教育対象者2,614人の1.30％で、視覚障害27人（1.03％）に次いで少ない。その内の33名が病弱特別支援学校に在籍し、21名が院内訪問教育を受け、退院後元の学校に戻っている。病弱教育対象の病気の種類と状態は、医学の進歩で変わり、入院期間も短くなり、県立森川特別支援学校の2015年末休校が2012年3月に県教育委員会の編成整備計画に示された[9]。一方、本県では、病気による理由で通算30日以上の欠席者が小中学校合わせて毎年500名余がいる。その過去3年間の推移が図表2である。この児童生徒の中には、教育を受けることが可能な場合があると推測される。

図表2　沖縄県における病気による長期欠席者数

	総数	小学校（％）	中学校（％）
平成２０年度	557人(0.34%)	395人(0.38)	162人(0.34)
平成２１年度	570人(0.34%)	360人(0.35)	180人(0.34)
平成２２年度	560人(0.38%)	341人(0.34)	219人(0.43)

出典：「平成20年度〜22年度学校基本調査」沖縄県教育委員会（2008〜2010）

②「稲沖校」の児童生徒が望んだこと

　ハンセン病児の療養所生活は、1954年当時、313人の大人の中で児童生徒は19名で、常に大人中心の生活環境であった。突然の病気で親と切り離され、知らない大人との生活は情緒を不安定にさせるが、子ども同士の関わりが病気への恐れを和らげることが作文等から伺えた。

　子どもたちが望むことは、家族や友人たちとの時間である。つながり

が閉ざされた体験は、心理的な不安定を生じさせた。「『将来のない』日々が苦しくつらかった」と「ハンセン病証言集」に寄せている。児童生徒は帰省や学校行事を通して家族との絆を確かめた。「希望を語る」相手、思いを伝え、受けとる相手を求めた子どもの思いが各作文等から読み取れた。このことは、ハンセン病の子どもたちが体験から伝える病気療養児の学校生活への配慮事項ともいえる。

③在宅療養児への支援を考える

　現在、医療現場では、治療等の説明を当事者である子どもに様々な方法で行っている。医療保育士もスタッフとして配置され、親子に精神的な支援を行うボランティアもいる。医療現場は変化し、充実してきた。しかし、500人余の小中校の長期欠席者が毎年いる。病気治療優先とはいえ、30日以上の欠席では、治癒後登校しても「学習の空白」を克服するには厳しいであろう。その対応は、各学校任せであり、状況把握もなされてない。学習の遅れが原因で不登校も起こる。病気による長期欠席者の個々の状況に応じた対策を取る必要がある。

　ハンセン病児が戦後、真っ先に要望したのは「教育の機会均等」であった。特別支援教育が進められている今、病気療養児の教育的ニーズによる医療と連携した教育支援とは、「教育の機会」提供である。しかし、入院する子への教育的対応は不十分である。また、自宅療養を含め、治療と共に学校教育の機会がある子どもは少数である。沖縄県は離島県であり、治療を行う病院や学校がその地域にはないことも多い。せめて義務教育については、子どもの学習が継続できる教育委員会の広域連携が必要である。

　かつて、ハンセン病の子どもたちたちを親から離した治療は、心につらい思いを残した。ハンセン病児が求めたのは共に生きるという関係、実感であった。病気への正しい知識と理解、そして病院や在宅で医療と教育を受ける安心感は病と共に生きる力を生む。病気の体験さえ隠さず共有できる（する）、開かれた共育的関係が子どもの育ちにこそ必要である。その環境つくり、条件整備が現在の病弱教育の課題である。

第3節　沖縄県の認可外保育施設の状況及び分析

石田友里

　「明日の安心と成長のための緊急経済対策」（2009年12月8日閣議決定）に基づき、現在、幼保一体化を含む新たな次世代育成支援のための包括的・一元的なシステムの構築について検討を行う「子ども・子育て新システム検討会議」が設置され、「子ども・子育て新システム（以下、新システム）」の導入が検討されている。2012年2月13日に出された「子ども・子育て新システムに関する基本制度とりまとめ」によると、法案が成立した場合、2013年度を目途に新システムを段階的に実施する計画だという。新システムは、現行制度による保育所・幼稚園の運営に大幅な変革が求められる全く新しい制度である。

　この新システムの導入が、沖縄県の子どもを取り巻く環境にどのような影響を与える可能性があるのか。本稿では、他都道府県と比べて、非常に特徴的な沖縄県の認可外保育施設の状況に注目し、考察してみたい。

Ⅰ．沖縄県の認可外保育施設の状況

　認可外保育施設とは、乳幼児又は幼児を保育することを目的とする施設で、児童福祉法第35条3項の届出をしていない、または第4項の認可を受けていない保育施設を総称したものである。2001年3月から都道府県には指導監督が、2002年10月から事業者には都道府県への届出等が義務付けられ、行政責任が明確化された。

　沖縄県の認可外保育施設数は435か所、同入所児童数は22,809人にのぼる。これは、東京都、神奈川県、埼玉県、大阪府に次ぐ全国5位の施設数であり、入所児童数では東京都に次ぐ全国2位の多さである（図表3）。

　ちなみに、沖縄県の認可保育所数は369か所（全国26位、同入所児童数34,321人）となっており、認可外保育施設数が認可保育所数を上回る都道府県は沖縄県のみである。

　また、3歳未満児における認可保育所・認可外保育施設の都道府県別

図表3　認可外保育施設数・入所児童数の上位5都道府県
(2010年3月31日現在)

	都道府県名	認可外保育施設数 （か所）	認可外保育施設入所児童数 （人）
1	東京都	1,041	24,960
2	神奈川県	684	19,724
3	埼玉県	522	10,560
4	大阪府	447	6,831
5	沖縄県	435	22,809

出典：厚生労働省発表資料

図表4　3歳未満児における認可保育所・認可外保育施設利用率
(都道府県別)

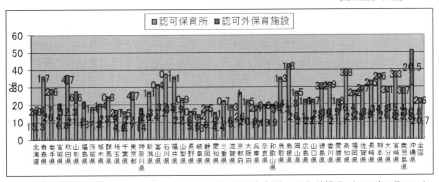

出典：「第22回社会保障審議会少子化対策特別部会資料」厚生労働省（2009年2月24日）

利用率（図表4）をみると、沖縄県の認可保育所利用率（【認可保育所利用児童数（3歳未満児）】[10]÷【3歳未満人口】[11]）は30.8％、認可外保育施設利用率（【認可外保育施設利用児童数（3歳未満児）】[12]÷【3歳未満人口】[13]）は20.5％である。全国平均が、認可保育所利用率20.7％、認可外保育施設利用率2.6％であること、また、認可外保育施設利用率が沖縄に次いで全国で2番目に高い山形県が6.6％（認可保育所利用率は21.2％）であることを考えると、沖縄県の認可外保育施設利用率は特筆して高いと言える。

なぜ、沖縄県は認可外保育施設がこんなにも多いのだろうか。

その要因として、第1に、認可保育所の代替機能、つまり沖縄県で突出して多い保育所入所待機児童（以下、待機児童）の受け入れ先となっていることが挙げられる。

沖縄県の待機児童数は1,680人（2010年4月1日現在）で、東京都（8,435人）、神奈川県（4,117人）に次ぐ全国3位の数である。待機率（待機児童数／入所児童数）でみると、沖縄県は5.1％で全国1位となり、全国平均（全国平均は1.3％）の約4倍となる。人口10万人あたりの待機児童数が最も多いのも沖縄県で、166.06人になる。これは、全国平均の8倍以上、2位の東京都の3倍弱と、待機児童数が突出して多い。

現行保育所制度では、地域の「保育に欠ける」状態にある子どもを持つ保護者が入所の申込みをした場合には、その子どもの保育を保障する責任が市町村にある（児童福祉法24条1項）。沖縄県の認可外保育施設に通う児童の72.3％が「保育に欠ける」状態にある[14]ことを鑑みると、本来、市町村に保障責任がある保育を、民間の認可外保育施設の多くが代替して実施していると言える。

第2に、幼稚園の代替・補完施設として認可外保育施設が利用されていることが挙げられる。

沖縄県では、戦後の米軍統治時代に、義務教育に準ずる教育の位置づけで、公立幼稚園が全小学校に併設され、今でも5歳児の80.5％が幼稚園に就園している（全国平均は50.0％）[15]。しかし、沖縄県内の公立幼稚園は5歳児の1年保育が主流であり、3年保育を実施する私立幼稚園は県内36か所と少ないこともあり（対する公立幼稚園数は242か所）、3年保育を希望する世帯が、幼稚園の代替施設として最寄りの認可外保育施設を利用することも多い。

また、公立幼稚園の54.6％、私立幼稚園の100％が、幼稚園の保育時間終了後に「預かり保育」を実施しているが[16]、多くの幼稚園が、休日保育や夜間保育どころか、認可保育所のほとんどでは実施している土曜保育にすら対応していない。かといって、幼稚園に就園することが慣例となっ

ている沖縄県では、認可保育所に５歳児クラスが設置されていないことが多い。幼稚園入園まで認可保育所を利用してきた世帯にとって、「預かり保育」がない、もしくは「預かり保育」があっても、仕事を続けるには保育時間が足りないなど、沖縄県では「５歳児の壁」が生じている。他都道府県では、一般に「小１の壁（小学校の学童保育時間が短いことにより、小学校入学と同時にフルタイムの仕事が続けられなくなる問題）」と言われることが多いが、沖縄では１年早く「５歳児の壁」が存在する。そのため、幼稚園と認可外保育施設を併用する二重保育を行う世帯も多い。また、学童保育施設が不足している沖縄県では、小学生の放課後の居場所としても認可外保育施設が利用されている。

　地域の子育てニーズに多機能に対応しているのが、沖縄県の認可外保育施設の特徴である。
　そうした認可外保育施設の役割への認識が広まり、認可外保育施設に対し各種公費助成が行われるようにはなってきたが、その差は依然として大きい。
　認可保育所は、運営費等が国、都道府県、市町村から出ているが、認可外保育施設は、原則として保護者からの保育料のみで運営している。ちなみに、那覇市の認可保育所の運営費負担割合は国36％、県18％、市25％、保護者21％となっている[17]。
　認可保育所入所児童と認可外保育施設入所児童の公費負担の差を那覇市の例をとって、単純に比較してみる。那覇市の私立認可保育所に対する運営費負担金は年間50億9,721万円で、これを私立認可保育所定員5,695人で割ると、１人あたり895,032円の公費負担となる。一方、那覇市の認可外保育施設入所児童の処遇向上事業予算（児童の健康診断経費、賠償責任保険料、絵本の支給、給食・教材費、牛乳代）は年間7,952万円で、これを那覇市内の認可外保育施設に通う児童数3,699人で割ると、１人あたり21,498円となる。

　これは、あくまで単純な概算であって厳密な公費負担金額ではない。認可保育所に対する施設整備費などは別途予算が組まれている上、ここ

では計算に入れていない公立保育所の運営費を加味すれば、さらに公費負担額は上がるはずである。また、現行制度では、認可保育所は所得に応じて、保育料を納入する応能負担であるため、個々人の公費負担額には差があり、上述のような単純計算で算出できるものではない。ただ、概算しただけでも、那覇市の認可保育所と認可外保育所の公費負担は、1人あたり年間それぞれ895,032円と21,498円と、41.6倍の差があるのが現状である。

先に見たように、沖縄県の認可外保育施設に通う児童の72.3％が「保育に欠ける」状態であり、待機児童もしくは潜在的待機児童である。公的に保育を保障されなければならないと定められている（児童福祉法24条1項）「保育に欠ける」状態であるにもかかわらず、認可保育所（入所児童数34,321人）と認可外保育施設（同22,809人、うち「保育に欠ける」72.3％は16,490人となる）に通う児童が公的に受けられる支援には約40倍もの差が生じているのが、沖縄県の現状である。

II．新システム導入と沖縄県の認可外保育施設

現時点で示されている新システムについて、その概要を、認可外保育施設に関わる部分に絞って、現行制度と比較してみたい。

まず、事業者側からみて大きく変わるのは、指定制度の導入である。現行制度は認可制であり、認可を受けるためには、国が定める児童福祉最低基準に適合している事の他に保育所の設置許可指針の要件を満たす必要があり、自治体の裁量に関わる。一方、新システムで指定制度が導入されると、人員、設備など定められた指定基準を満たす施設はすべて指定業者として認められることになる。保育の量的拡大を図るとともに、利用者がニーズに応じて多様な施設や事業を選択できる仕組みとするため、多様な事業主体の参入を認めようとする考えによる。

次に、大きく変わる点として、利用者補助方式と法定代理受領を基本とした現物給付となることが挙げられる。現行制度では、市町村が保護者から保育料を徴収し、その保育料に補助金を加え、事業者に運営費を支払う事業者補助方式である。これに対し、新システムでは、保護者に

対する個人給付を基礎とし、確実に学校教育・保育に要する費用に充てるため、法定代理受領の仕組みが検討されている。介護保険と同様な利用者補助方式である。利用者負担については、負担能力を勘案した応能負担を基本として定めるとされる。

　また、契約の形が大きく変わる。現行制度では、「保育に欠ける」児童に対して市町村が保育の実施義務を負っている。そのため、認可保育所を利用する場合、保護者は市町村と契約を結ぶ。保護者が市町村に入所の申し込みをすると、市町村が入所保育所を決定し、保育料は保護者が市町村に対して支払う。これに対し、新システムでは、保護者の申請に基づき市町村が保育の必要性の認定をし、認定を受けた保護者が希望する施設・事業者に直接申し込み、保護者が施設・事業者と契約を結び、公定価格に基づいた保育料を施設・事業者に対して支払う。保護者が選択した施設・事業者に申し込むことを基本とするが、市町村は情報提供や相談に対応し、要保護児童や特別な支援が必要な子どもについて、また、保育需要が供給を上回る間について、利用調整やあっせん等、契約の補助を行う、としている[18]。

　以上、3点を比較・言及してみたが、これらが、沖縄県の認可外保育施設を取り巻く状況にとって、どのような影響を与える可能性があるだろうか。
　まず、指定制度の導入に関して、一定の基準を満たす認可外保育施設の何割かが指定業者として認められれば、当該施設入所児童は給付が受けられることとなり、公的支援の対象児童がより増えることになる（図表5）。
　沖縄県の認可外保育施設455か所のうち171か所（2012年1月31日現在）は、一定の基準を満たしている施設として「認可外保育施設指導監督基準を満たす旨の証明書」が交付されている施設であり、認可を受けていないからといって必ずしも保育環境が劣悪な施設というわけではないのだ。
　沖縄県内の認可外保育施設への調査で、認可化を希望する施設は63.9％にのぼる。認可化するにあたっての障害となる事項としては、「社会福祉法人格の取得のための資金がない」が約6割、「借地・借家である」等

図表5　指定制度のイメージ

	総合こども園（仮称）、幼稚園または認可保育所	認可施設と同等の基準を満たす施設	その他の施設の届出（小規模保育等）	基準を満たさない施設
事業開始				
財政措置	指定により、総合こども園給付の対象		多様な保育事業者＝指定により、地域型保育給付（仮称）の対象	×

出典：「子ども・子育て新システムに関する基本制度とりまとめ（案）」（2012年1月31日）

が約4割である。主に、資金規模の面で認可化できない施設がほとんどなのである[19]。

　また、沖縄県の認可外保育施設は、定員が20～39人の施設が多く、約7割の施設が60人を下回っている（沖縄県の認可保育所の平均児童数は87人）[20]。現行制度では、多くの自治体で、認可化の条件として定員60人以上と定めているため、小規模であるということが認可化のネックになっている施設も多い。新システムでは、それぞれの特性に応じた指定類型や基準を設定する「地域型保育」を設ける計画である。小規模保育や家庭的保育はこの「地域型保育」に位置づけられることになり、給付の対象となる。沖縄県に多い小規模の認可外保育施設が、一定の基準を満たせば「地域型保育」の指定業者となることも可能となる。

　利用者補助に関しては、事業者補助に比べ、施設側の事務作業量が減ることが予測される。それによって、これまで事務用員を雇用する余裕などなかった小規模の認可外保育施設にとって、指定業者となるにあたってのハードルが低くなるのではなかろうか。

　契約方式に関しては、先に述べたように、沖縄県では認可保育所利用率30.8％に対して、認可外保育施設利用率は20.5％であり、現行制度においても、すでに多くの保護者が直接契約によって保育所を確保しているのが沖縄県の現状である。保育需要が供給を上回る地域ではあるので、市町村による利用調整は不可欠だが、他都道府県に比べて直接契約への移行は大きな問題ではない。

Ⅲ．考察

　新システムに対して、全国的に危惧されている事項に関しての懸念がないわけではない。
　新システムでは、国が定める公定価格に対し、各施設が上乗せ徴収することを認めている。保育制度に市場競争原理が導入されることは、保育に格差がもたらされるという危険性を多分に孕んでいる。また、多様な事業主体の参入により営利企業の保育所設立が増え、営利目的の保育所経営では運営費の平均80％にあたる人件費を削減することにつながり、保育の質が低下するのではないかと危惧する声もある。
　しかし、こうした新システムに対する危惧は、すべて現在の沖縄県の認可外保育施設を取り巻く環境で、すでに起こっている状況である。
　所得が高い世帯は、市町村が入所を決定する保育所、つまり自分たちには選択権がない保育所は選ばずに、自分たちで選ぶことができる質が高くて手厚い保育を提供する認可外保育施設を選んでいる。そうした認可外保育施設は概して保育料が高いが、所得に応じて保育料が決まる現行制度では、世帯によっては認可外保育施設のほうが、保育料が安価になることも多いからだ。
　所得が低い世帯や子どもが多い世帯は、認可保育所に入所できない場合、保育料が安い認可外保育施設を選ばざるを得ない。認可保育所の場合、入所児童の２人目は保育料半額、３人目は保育料無料といった減額措置を行う市町村が多いが、運営費を保育料から賄わねばならない認可外保育施設では、そうした減額措置ができないからだ。保育料が安い認可外保育施設は、当然、運営費を削減するために、保育士の数を減らしたり、雇用条件を下げたりして運営するしかなく、保育の質を維持することが困難である。
　そうして、現行制度でも、沖縄県の認可外保育施設を取り巻く状況では、すでに保育に格差がもたらされ広がっているのである。
　これまでは、そうした格差を民立民営の認可外保育施設が、その経営努力によって埋めてきたが、施設の老朽化や後継者不足により、多くの施設がその存続を危ぶまれている。認可外保育施設なしに沖縄県の保育

が成り立たないことは、上述の全国的なデータとの比較で明らかなことを考えると、沖縄社会において未就学児に対する子育てを多機能に支援してきた認可外保育施設の存続は、子どもを取り巻く環境にも多大な影響を及ぼすであろう。将来的な人材育成にも大きな影響を与えることを考えると、沖縄県の認可外保育施設への支援は早急に取り組むべき課題である。沖縄県の現状では、新システムの導入は、認可外保育施設の支援につながり、保育を取り巻く格差是正に一石を投じられるのではないかと考える。現行制度の大幅な変革が求められる今、改めて沖縄県の現状に即した保育政策を問いただし、積極的に沖縄型の新システム活用方法を見いだす必要がある。

第4節　那覇市の学童保育の現状と課題　　　嘉数千賀子

Ⅰ．那覇市放課後児童クラブ（学童保育）の概要

　都市化による地域環境が変化した今、子どもたちの放課後の生活がどのように変化したか、那覇市の放課後対策である「放課後子どもプラン」に焦点を当て、以下のような調査を行った。

　調査対象は「那覇市放課後児童健全育成事業」である市内43か所の「放課後児童クラブ」（以下、学童）と「放課後子ども教室推進事業」（以下、子ども教室）37か所。期間は2010年6月から2011年3月である。実際に聞き取りを行った学童保育は38か所、子ども教室は32か所である。本論では「放課後児童健全育成事業」である「児童クラブ」、学童について記す。

　「放課後児童健全育成事業」は児童福祉法第6条第2項の規定に基づき、保護者が労働等により昼間家庭におらず小学校に就学している概ね10歳未満の児童に対し、授業の終了後等に小学校の余裕教室、児童館等を利用して適切な遊び、及び生活の場を与えてその健全な育成を図るものであり、市町村はその実施に努めなければならない、とされている。

　那覇市においては「こどもみらい部子育て応援課」が所管である。2011年度の放課後健全育成事業に関する補助金の予算額は、児童クラブ運営補助金として1億9,583万4,000円、児童クラブ舎2つの建築事業として、1,935万9,000円、環境改善事業として298万7,000円であった（那覇市企画財務部）。那覇市の学童保育数は年々増加し、2012年度は新設される小学校内に学童も設置される予定である（図表6）。

　学童の設置主体は公設が2か所であり、残り41か所はすべて民設である（図表7）。運営はすべて地域運営方式をとり、実際にはほとんどが父母会の運営である。

　設置場所別でみると、多くは学校敷地内（20か所）で、小学校の余裕教室（8か所）、幼稚園の余裕教室（8か所）での設置が最も多く、学校

図表6　那覇市における補助対象児童クラブの推移

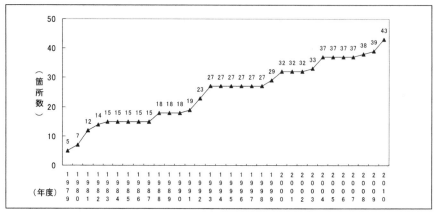

出典:「2009年度　那覇市放課後児童クラブ一覧表」那覇市こどもみらい部子育て応援課 (2009)

図表7　児童クラブ設置主体　　図表8　児童クラブ設置場所

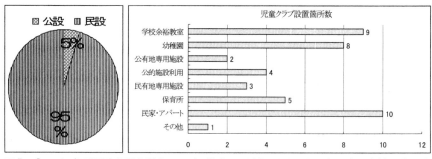

出典:「2009年度　那覇市放課後児童クラブ一覧表」那覇市こどもみらい部子育て応援課 (2009)

敷地内で専用の施設は2か所しかない。その他、公設による公有地での専用施設は2か所。公的施設の利用は3か所。民有地における専用施設が4か所。民家・アパートが10か所。保育所内や保育所隣接が6か所である（図表8）。

Ⅱ．那覇市放課後児童クラブ（学童保育）の概要

　那覇市の学童38か所の聞き取り調査を実施した所、保育環境に関しては次のような課題が浮き彫りとなった。
　１．学童の専用面積が狭い。
　２．充分な施設、設備が整っていない。
　学童の専用面積に関しては「沖縄県放課後児童クラブ運営ガイドライン」によると、児童クラブの必要面積は児童が生活（休息・遊び・学習など）するスペースは児童１人につき1.65㎡（畳１畳分）以上の広さが望ましいとし、生活の場として児童が横になれる畳１畳分を必要としている。
　しかし、43か所中1.65㎡以上を確保している学童は23か所、以下が20か所であり、44％が基準に達していない。中には１人当たりの専用面積が0.63㎡という学童もあり、児童が全員揃って座るのもままならない施設もある。そのような狭い面積の中で１日中過ごし、家庭に代わる生活の場としての機能が保障されていない現状がある。学校内施設や公共施設に設置した学童で専用面積の狭さが目立つ。
　小学校内や幼稚園内の余裕教室を利用できるという点は、子どもの安全面からするとメリットが大きいが、学童の専用面積はほとんどが１教室分である。児童数に対して非常に狭い。子どもたちの安全を確保するためには小学校の１教室では不足であり、２教室以上の使用が必要である。学習している子の側で遊んでいる子がいたり、疲れて休んでいる子の側で騒いでいる子どもがいることや、狭い室内に体の小さい幼稚園児・低学年の児童と高学年の児童が一緒に活動していることなど、時折危ない場面も見られる。
　唯一、２教室分のスペースを利用している「大名児童クラブ」では学習の場、遊びの場、休息の場が確保されており、安全で安心な毎日の生活基盤を保障することができている。多くの学童に関しては十分なスペースが確保されていない現状がある。
　次に、施設・設備面でガイドライン上に明記された施設・設備がすべて整っている学童は市内では非常に少なかった。安全・安心な生活を確

保する為の十分な設備・施設が整備できておらず、あたりまえの生活の場が機能していない状況が見られる。特にトイレの問題は深刻である。学校余裕教室や幼稚園余裕教室ではトイレが室内にない場合が多い。同じ建物内にあればまだいいが、2階の外階段でしかトイレに行けなかったり、離れた場所にあったり、中には仮設トイレを設置している学童もある。雨の日は傘をさし、大雨や台風時には危険な状態でトイレを使用する。さらに男女一緒であったり、幼稚園児の利用する小さなサイズのトイレであったりと生活する上で最低限必要なトイレが室内にないことは非常に大きな問題である。

その他、火が使えない、休養の場がない、避難口が1か所しか確保されていない、シャワーがない、改築が難しい、年度ごとの契約更新など施設・設備面では多くの課題を抱えている。

那覇市において設置場所として多いのが、民間アパートや一軒家を利用している学童である。極端に狭い施設から、広々とした施設まであるが、どの学童も家賃が発生するため保育料が高額になる。家賃の負担はそのまま保育料に影響している。

また、特異な事例として、理科室を共用している「与儀児童クラブ」がある。与儀児童クラブは1981年に与儀小学校近くの南部会館の施設からスタートし、与儀小学校の旧空き教室で3年間、幼稚園の空き教室で9年間、さらに幼稚園の遊戯室共有使用が9年間、再度幼稚園の空き教室が2年半と移動を繰り返し、2007年の10月から現在の理科室共有となっている。

児童数の増減、校舎の建て替えや補修工事が理由で学校の敷地内を転々としており、現在もいくつかの課題により学校施設内での場所が確保出来ずにいる。理科室と共有していることから、授業が終わってからの使用であり、授業終了後に指導員が机とイスを端に片付け、学童が使えるスペースを確保する。

学童の活動終了後には元の理科室の状態に戻すことが日課である。掲示物も一切貼ることができない。学童の荷物もすべて1か所にまとめ毎日倉庫に片付ける。ファクスやパソコンの棚には鍵をかけて管理する。床は板を敷いているが畳はなく、トイレも外の仮設トイレである。

第1章　沖縄の子どもと共育的関係を育む居場所

　このような状態が6年目に入る。与儀児童クラブの問題は保護者による運動や陳情によって那覇市議会でも取り上げられているが、未だに解決の見通しがたたない。

小学校余裕教室利用

民間アパート利用

理科室と共用

外に設置の仮設トイレ

　課題の多い那覇市の学童保育であるが、モデルの1つとして「大名児童クラブ」が挙げられる。市内で唯1か所、小学校余裕教室2教室分を使用している学童であり、「子どもを軸」として地域と密接につながっている学童でもある。

　那覇地区では初の学校内施設利用の児童クラブであり、主任指導員の働きかけにより地域と学校の理解を得て2教室と、地域連携室、PTA室や倉庫も利用している。専用面積が134.4㎡。児童数が53名、1人当たりの面積は2.54㎡である。おやつのスペース、くつろぐスペース、学習スペースと遊びのスペースが確保されている。放課後、子どもたちは学校が終わり学童にやって来る。そしてすぐに自分たちで学習室に入り宿題を済ませ、おやつを取り、遊びのスペースで好きな友だちと好きな遊びをする。

　毎日の生活リズムが安定しており、工夫しながら遊べる場所も確保されている。指導員が指示することも少なく、子どもたちの学齢や個性に合わせた生活が保障されている。

　「地域の子どもは地域で育てる」という指導員の熱意のもと、地域と学校を取り込んだ「子どもたちの放課後の居場所づくり」はやがて「子どもを軸」とした「地域の拠点」へと広がり、学童と同時に学校内に「生涯学習館」が設置されている。地域・学校・学童、民間の老人養護施設などが連携し「大名まつり」や「大名地域福祉大運動会」の開催もされており、都市でありながら過疎化する地域再生のネットワークづくりの

モデルとなっている。

地域「生涯学習館」　　休養スペース　　　学習スペース　　　遊びスペース

Ⅲ．まとめ

　今回、「那覇市の放課後子どもプラン」の実証的研究から明らかになったことは、那覇市の学童の多くが「児童福祉法」に基づく生活の場としての機能を満たしていない実態であった。他地区と比較しても施設や設備が不十分であるが、沖縄県も那覇市も視察や指導など、詳細な実態調査も行っていない。

　厚労省と文科省により策定された「放課後子どもプラン」は法的義務付けがされておらず、最低基準が設置されていない。そのことによって最低限の環境が整備されていない学童が数多く存在し、地域間に格差が生じている。よって国による明確な制度化、財政措置が必要不可欠であり、同時に都道府県・市町村の明確な役割と責任の周知徹底がおこなわれるべきである。

　また、施設・設備以上に、子どもたちと関わる人の存在は子どもたちの成長に大きな影響を与える。どんなに施設・設備が充実しても、より良い学童の存在は何よりもそこに関わる人の存在が最も重要であることも今回の調査で明かになった。

　充分な施設・設備が整っていない中、学童を子どもたちの放課後を家庭に代わる場所とするために熱意を持って子どもたちと関わる指導員。さまざまな改善を求めて保護者や地域と共に行政に働きかけている連絡協議会。多様化する子どもや保護者のニーズに応えるために必死で関わる指導員だが、その労働条件は相当に厳しいものがある。男性指導員の不足や継続年数の短さは深刻な課題である。人間形成に関わる指導員の

資質は高い専門性が求められる。国は指導員の労働条件の整備と、資格制度の導入を進めていく必要がある。また指導員を含め学校や地域とのコーディネートも行うことができる人材の養成課程も整備すべきである。

　今回は那覇市の「放課後子どもプラン」の実証的研究であったため、調査対象を「那覇市放課後健全育成事業」としての補助を受けている学童に限定した。しかし、実際には「補助対象外の学童保育所」が市内には34か所（2011年7月現在。沖縄県学童支援センター調査）存在している。同じ放課後の子どもたちの生活の場でありながら、それぞれの空間や内容には差がある。今後は待機児童減少に向けて補助対象学童の増設も必要である。

　地域の環境が変化し、子どもや家庭を取り巻く環境が厳しくなっている今、子育ち・子育てのため子どもや親と関わる人間と場所が求められている。調査の過程で、子どもや親の声に耳を傾けながら寄り添う素晴らしい指導員に出会うこともできた。

　さまざまな体験を通して成長していく子どもたち。そして、子どもを丸ごと受け止め、体当たりで遊び、共感する人間の存在は子どもや親にとって重要な存在である。かつて地域で当たり前のように存在した人や場所が減少している中で、学童が単に「学校の放課後の居場所」という枠を超え人と人とが繋がり合える場、関係性を築いている空間となっていることが明らかとなった。

　子どもたちの豊かな放課後、より良い学童の存在が、豊かな社会への展望となること、更には開かれた共育空間となることを期待したい。

（2010年現在の調査による）

第5節　聴覚障がい児を中心とした共育的関係の可能性

　　　　　　　　　　　　　　　　　　　　　　　　　　横山正見

　那覇市において、聴覚障がい者が自宅を開放して「ゆいまーる寺子屋（以下、寺子屋）」を主宰し、開かれた共育的関係の構築に取り組んでいる。生徒も全員、聴覚障がいがある。開塾から1年半が過ぎ、「寺子屋」は聴覚障がい児の地域での学びの場として定着しつつある。このように聴覚障がい者が塾を運営し聴覚障がい児が学んでいることは、沖縄県内では前例のない活動と考えられる[21]。

　「寺子屋」活動の現状、課題、可能性をインタビュー、参与観察、連絡帳の文章をもとに考察し、その可能性を探ってみたい。

Ⅰ．「寺子屋」活動の概要

　「寺子屋」は2010年6月に開塾。主宰者は聴覚障がい者のKさん[22]である。現在（2012年2月）は6名の中高校生が週3日、英語、数学、国語を学んでいる。

　生徒は全員、聴覚に障がいがあり、3名がろう学校、3名が地域の学校に在籍している。コミュニケーション手段は手話中心、口話[23]中心、人工内耳使用、とそれぞれである。

　半年に1回の成人聴覚障がい者の講演会や、1年に1回の合宿などを開催するなど、勉強のみならず触れ合う機会を設けている。

　運営費用は、月謝と社団法人対米請求権事業協会の資金助成により賄われている。

Ⅱ．活動開始のきっかけ

　「寺子屋」活動開始のきっかけは、Kさんの困難な経験と聴覚障がい者をとりまく社会的な問題によるところが大きい。Kさんは生まれつき聴覚障がいがあった。ろう学校の幼稚部で口話法を身につけ、地域の学校

に進学したものの、学校の授業は殆ど分からなかった。勉強は家庭学習で補っていた。

　成績は安定し、大学まで進学。しかし常に聴者集団の中でのコミュニケーションに苦労する。20代で障がいをテーマとする活動に関わるようになり、仲間に恵まれ結婚する。

　その活動の中で、多くの聴覚障がい者がKさんと同じように学校の授業で苦労してきたことや、聴者集団でのコミュニケーションの困難を経験していることに気付く。つまり、聴覚障がい児の困難は、個人の問題ではなく社会的な問題であることを認識したのである。

　この様な問題意識を踏まえ、既存の教育機関ではなく、聴覚障がい児のニーズを満たした地域での学びと交流の場の必要性を認識し、自ら「寺子屋」を開始する。

Ⅲ. 特徴

① 学習面

　聴覚障がい児の学習課題として、文字情報への苦手意識や、学習内容が具体から抽象へと質的に変化する9歳の段階で停滞してしまう「9歳の壁」がいわれている。脇中（2009）は、聴こえる子どもにも「9歳の壁」は存在すると指摘するが、聴覚障がい児に顕著である理由として、情報環境が整っていない中で育つことによる語彙量の少なさや、状況に合わせ言葉を多面的に使用する経験の少なさを挙げる。

　「寺子屋」での学習は教科書の反復による基礎学習を基本とし、必要に応じてイラストのある視覚教材を作成、使用するなど、視覚教材の活用を行っている。その他、読み書きに親しむため連絡帳を書くことを日課とし、図書室を設置し図書や漫画を取り揃え、貸し出しも推奨している。生徒の成績は上昇する傾向にあるという。

② 地域の場所

　子どもは学校や家庭や地域の中に居場所を持ち、それぞれに関わりながら育つものであるが、聴覚障がい児の場合、コミュニケーションの課題もあり地域に居場所を持ちにくい状況がある。

自宅で「寺子屋」活動を行うことは、「日常生活の延長として『寺子屋』活動を行いたい」というＫさんの考えによるが、そこには２つの意味があるという。
　１つは地域に聴覚障がい児の地域の居場所を作ることであり、もう１つは、生徒がＫさんの日常生活を垣間見ることで、大人の聴覚障がい者の生活に触れ、将来のイメージをつくることである[24]。
　また、地域に存在する「寺子屋」は、大学生や社会人など様々な人の出入りがある。

③　情報の保障
　「寺子屋」がこだわっている点は、コミュニケーションや情報を保障することである。Ｋさんや聴覚障がい者の困難な経験も踏まえ、「寺子屋」においては、誰かがコミュニケーションに取り残され、心理的に孤立してしまうことがないように取り組んでいる。
　具体的な取り組みとしては、Ｋさんが筆談や手話を多用することや、生徒同士の会話でコミュニケーションのズレが見られるときは通訳に入ること、手話勉強会の開催、などである。講演会やイベントの時は場所全体の情報保障と生徒の通訳体験のため、手話通訳とパソコン通訳を配置している。
　また、Ｋさんと生徒、Ｋさんと保護者のコミュニケーションを図るために、連絡帳の交換を行っている。連絡帳に書かれた文章は、月１回程度発行される「てらこーやー通信」に掲載され、生徒や保護者に配布される。
　情報をどのように共有するか、試行錯誤がなされている。

Ⅳ．生徒の様子

　Ｋさんによると、地域の学校に在籍する生徒に学校生活の難しさ、特に聴者集団の中での友達関係構築の難しさを感じるという。一方、寺子屋では、学校とは異なる一面を生徒が見せることもあり、「寺子屋では、勉強そっちのけで玄関に入った時からおしゃべりが止まらない生徒もい

るんです」とＫさんは言う。
　生徒にとって「寺子屋」が大切な場所であることは、生徒が書く連絡帳の記述内容からも読み取ることができる。地域の学校に通っているＡさんとＢさんの文章と、Ｋさんの返事を紹介する[25]。

Ａさんの連絡帳より
　「ゆいまーる寺子屋は、すっっごく楽しくて、心地よいです♡
　学校では不安や心配なことがあったりする。
　塾があると、早く行きたくてこうふんします。（笑い）」
　　　　　　　　　　　　　　　　　　　　　（2011年6月3日　連絡帳）

　Ａさんは、初めのころ芸能人やテレビ番組のことを書いていたが、徐々に学校生活、人間関係の悩み、更には障がいのことも書くようになっている。
　「（学校で）みんなはぺらぺらおしゃべりして一緒に笑ってる。私がしゃべっても、相手はうなずくだけ。短い話だった。なんか悲しくなった。私は、意味分からない女だと思われているかもしれないと思って、私に話しかけないかと思った」　　　（2011年10月19日　連絡帳）
　「障害者は邪魔だと思ってる人がいるので、気分はバカみたい気分です。障害は悪いじゃないって分かってるのに、みんなは、触れないようにしている」　　　　　　　　　　　　（2012年1月27日　連絡帳）

　Ｋさんは以下のように返事を書いている。
　「私も中学・高校の頃は、友達とうまくコミュニケーションをとることができませんでした。（略）気が付いたら、私は一人になることが多かったです。『私ってそんなにつまらないのかなあ』と思ったものです。（略）今は手話を覚えてくれる友達が増えたので、ずいぶん楽になりました。（略）それから、『障害者だから、どうでもいいって思っている人がいるかもしれない』って書いてありますね。（略）障害があることは、悪いことではないんですよ。
　私も生まれつき耳が聞こえません。耳が聞こえないことは悪いこと

ではありません。『私は私、聞こえないこともふくめて私』だと思っています」
　　　　　　　　　　　　　　　　　　（2012年1月27日　連絡帳）

Bさんの連絡帳より
　「イジメから身を守る方法を教えてください。先生にしつもん」
　　　　　　　　　　　　　　　　　　（2011年10月3日　連絡帳）
　「Kさんに聞きます。Kさんの持っている障害というのは、どのような物ですか」
　　　　　　　　　　　　　　　　　　（2012年1月30日　連絡帳）

　Bさんは入塾当初、様々な質問をKさんに投げかけている。Kさんとの連絡帳のやり取りを経て徐々にBさん自身が考えていることや、経験を書くようになっている。

　「Gくんという人が、他の人と自分のことをブツブツ話していました。
（略）
　『おい〜〜だけど〜〜？』（〜〜は聞こえなかったので分かりません）
　『僕は何て言ったの』と聞いたのですが、Gくんは『はい、始まったー、聞こえないふりしているー』って、言っていました。
　正直、何て言ったかを教えてほしいけどネ」
　　　　　　　　　　　　　　　　　　（2011年12月12日　連絡帳）

　生徒の記述内容が障がいに関わることや、聴者集団内での人間関係の難しさに関わることであるほど、Kさんは実に丁寧に返事を書いている。特筆すべきは、自身の体験を入れていることである。同じような体験をしていたことや、どうやって問題を解決したか、についても言及するなど共感し励ましている様子が読み取れる。生徒もKさんも、ここでしか話さないコミュニケーションをしているのである。
　Aさんは筆者との会話において「夏休みに寺子屋のみんなを母親の出身の離島に連れて行きたい」と言い、Bさんは「学校では黙って机にいることが多いけど、『寺子屋』は安心できるからいい」と語っていた。しかし、「手話が出来ないから、みんなの話に入れなくて、もっと仲良くな

れたらいいんだけどね」とも話してくれた。

Ⅴ．まとめ

① コミュニケーションを保障する
　「寺子屋」活動の特長は、コミュニケーションや情報を保障する意識の高さである。聴こえないことが当たり前の場所であるため、当然の取り組みであるが、主宰者であるＫさんも聴覚障がい者であるため、取り組まなければ「寺子屋」が成り立たないほど切実であり、現実的な課題なのである。
　先生も生徒も同じ課題を共有しているという意味で、「寺子屋」は、地域の学校とは異なるものであり、教員の大部分が聴者であるろう学校とも異なるものである。
　そして、「寺子屋」での生徒の様子や連絡帳のやりとりからは、コミュニケーションや情報を保障することは、生徒が情報を受信する際の保障だけでなく、生徒が発信する際の保障も含むものであり、更には、周囲が返事や反応を返すことまで含まれる、と考えられる。
　このことは、聴覚障がい児の教育環境を考えた際に「通訳者を配置すれば大丈夫」「専門の人が考えるもの」という一部の人が向き合う問題ではなく、聴覚障がい児の課題を「全員で考え、取り組まなければならない」ということを示唆している。
　このような環境において生徒は安心でき、学習意欲の向上や日常のおしゃべりが行われ、時には、日常生活では話さないような内面性の高いコミュニケーションも交わされ、「寺子屋」は生き生きとした学びと育ちの場となるのである。

② 当事者の生き方として
　「寺子屋」活動において、聴覚障がいの「当事者」[26]であるＫさんが主宰していることは大きな意味を持つ。学習や生活における生徒の困難が実感として理解できるのである。
　自身の経験を生かし次世代の聴覚障がい児に関わることは、Ｋさんに

とって過去を振り返るのみならず、学校生活を再体験しているとも考えられる。つまり、Kさんは通いたかった学校を自宅につくり、出会いたかった先生に自分がなろうとしているのではないだろうか。

「聴覚障がい児のために」という意識を持ちながらも、自身の課題に自分の暮らす場所で取り組むことであり、「寺子屋」活動は根本的なところでは「自身の生き方」としての活動と考えられる。

③ 課題と展望

コミュニケーションへのこだわりと、取り組みに注目してきたが、「寺子屋」でも生徒のコミュニケーション方法が異なるため、意思疎通のズレはしばしばあり、人間関係が悪くなることもあるという。コミュニケーションの課題において、答えは1つではなくその場にいる人たちが、コミュニケーションにおける弱者のことを考え試行錯誤できるかなのである。

そして、これまでもそうであったように、これからもコミュニケーションの課題は「寺子屋」の課題としてあり続けるであろう。

今後の「寺子屋」の展望として、聴こえる生徒を受け入れることがあるという。その際、聴覚障がいの生徒がコミュニケーションの強者となり、聴こえる生徒と立場が入れ替わることもあるわけだが、こういった関係の変化は聴覚障がい者と聴者の新たな関係への試みになる。

聴覚障がい児と聴児が「寺子屋」で共に学び、生き生きとした人間関係をつくることが出来るならば、「寺子屋」は新たな一歩を踏み出すことになる。同じように学校教育において、聴覚障がい児の問題をクラス全体や学校全体で共有することになれば、聴覚障がい児にとって学校の意味は大きく変わるのである。

Ⅵ. おわりに

聴覚障がいの「当事者」が自らの課題を踏まえ学びの場をつくることにより、今までになかった学びと育ちの場がつくられていることが確認出来た。また、「寺子屋」の核は情報伝達から、内面性の高い会話まで含むコミュニケーションにあることも確認した。このような学びの場は既

存の学校では作りえなかったものである。

　このことは、聴覚障がいに関わらず、地域で自らの課題に取り組む人が、その当事者意識の延長において学びと育ちの場をつくることが、子どもたちに新たな世界と価値を提供しうることを示唆している。そして、子どもと共に大人も学校も地域も変わる可能性を秘めているのである。

　地域における様々な「当事者」の教育活動への支援のあり方、学びと育ちの場の核となるコミュニケーションのあり方については今後の検討課題である。

第6節　共育的地域社会の創造
——「子どもの遊び場」からの考察　　　　小笠原快

　本研究は那覇市A地域における1980年代から現在までの30年間に渡り、「子どもの遊び場」が不足している状況に関して、那覇市がどのように把握、認識していたのかを那覇市が市民に向けて発行している広報誌「市民の友」[27]を中心にして見ていくと同時に、2011年に筆者がA地域に在住する住民に対して行ったアンケート調査も踏まえ、30年間に及ぶA地域の「子どもの遊び場」の状況を明らかにしていくことを目的としている。
　本研究に至る経過として、2011年の筆者の論文「暮らしからみる親子と地域」[28]の中で、現在の那覇市A地域において、親子の居場所が、地域内に不在、または不足していることが明らかとなる。
　その為、本論では筆者が親子の居場所の1つとして、重要だと捉えている「子どもの遊び場」に焦点を絞り、那覇市がA地域に関する子どもの遊び場不足に関してどのような認識を持ち、また市民に対してどのように伝えてきたのかを那覇市が市民向けに発行している「市民の友」を通じて検討していきたい。検討期間としては、第1次那覇市総合計画[29]が提出された1978年以降から、現在までのおよそ30年間に焦点を当てている。

Ⅰ．那覇市について

　那覇市は沖縄本島の南部西海岸に面しており、面積は39.23km²（沖縄県全体では2,274,59km²）[30]。現在の人口は32万0,020人、13万8,383世帯[31]である。
　琉球王府時代の那覇は、王都首里の港町として発達し、日本本土、中国、東南アジア等と交易を行う中で栄えるが、1609年の薩摩侵攻後は薩摩の管理下におかれた為、中国のみの交易となり、1879年には廃藩置県により政治の中心が首里より那覇に移行し、徐々に行政区域を広げることとなるが、第2次世界大戦により1944年の10月10日に米軍の空襲により、那覇市の多くは壊滅状態となった為、行政機能のほとんどは失われ

てしまう（1945年6月23日に沖縄戦は戦略上、終結したこととなっている）[32]。

戦後直後の那覇市、またその周辺地域（真和志村、首里市など）は米軍に占拠された為、住民らがそれぞれの地域に戻るまでに時間を要している（1945年11月10日の壺屋への一部住民の帰郷が始まりだと言われている[33]）。

米軍統治下においても、那覇市は都市化を推し進めるに際して、隣接する市村合併を検討し1954年に首里市、小禄村、1957年に真和志市を編入し、（当時、那覇市の人口は18万7,256人、面積30km²[34]）大都市となるが軍用地が主要な部分を占めていた為、公有地である水面も埋め立てざるを得なかった。しかし、ここでも米軍の許可を要した為、埋め立ても計画通りに進行する事はなかったのである[35]。

産業は、戦前7割以上が農家という第1次産業が占めていたものが、戦後特に1950年代前半において米軍の基地建設の為に、多くの農民が基地建設業、軍雇用関係の仕事に就くようになり、1953年には5割にまで第1次産業従事者が減少し、第3次産業が中心となっていく[36]。

Ⅱ．A地域について

1982年の「市民の友」では、A地域に関して「戦後の早い時期から住商混在地区であり、都市部に隣接していることから、どの地区よりも市街化の波を直接的に受けた地区である。市街化の急速な進行は、都市基盤の未整備と、古い家屋を中心とする住宅密集地が広がっている状況を作り出しており、商店、飲食店などの無秩序な集積もみられる[37]」と述べられており、那覇市中心部における都市化進行によって大きな影響を受けた地域の1つと言えるだろう。

また、A地域は1980年代から人口減少が始まり、現在も進行している。一方で、世帯数は増加傾向にある事や2000年以降、年少人口数（15歳未満）よりも、老年人口数（65歳以上）が増加しており、少子高齢化の進行が顕著な地域の1つとも言えるだろう。

Ⅲ.「市民の友」からみる子どもの遊び場の状況

①地区整備基本計画（1980年代）

　1982年6月15日の「市民の友」では、「地域の特性生かした街づくりへ～市域を12に区分、市民のコンセンサス得て推進」というタイトルの記事が掲載される。内容は、那覇市地区整備基本計画という第1次那覇市総合計画を補完する計画を那覇市が策定したことの紹介であった。この地区整備基本計画の中で、A地域に関する現況と課題として子どもの遊び場に関して触れられている。以下がその内容である。

　「公園は―絶対量の不足と、交通安全などの面から、適正配置と整備拡充が必要である[38]」と、公園量の不足や適正配置の必要性が、地区整備基本計画の中では挙げられている。

②都市マスタープラン～まちづくり意向調査（1990年代）

　1997年3月15日の「市民の友」には「都市計画の基本的な方針（都市マスタープラン）[39]」の策定に際して、「まちづくり意向調査（アンケート）」の結果が報告されている[40]。（調査期間は1996年5～8月、調査対象者は那覇市在住満20歳以上の無作為抽出された男女2,000人、回答率は約73%）地域は8つに分けられており、それぞれにグラフとコメントが加えられている。

　A地域を包括するH区域では満足度が高い項目として、「買い物の充実」「医療施設の充実」が上げられている。一方、不満度で50％以上と高い数値が出た項目は「自然の豊かさ」「生活道路の安全性」「子どもの遊び場の整備」「地域活動の利便性」「文化施設の利便性」などが挙げられ、遊び場等に関しては、「地域全体での身近な遊び場や生活道路の整備が望まれています。」といったコメントも加えられている。

Ⅳ. A地域アンケート調査（2011年）

　筆者は、2011年にA地域に在住する住民が、A地域で生活する上での課題や、要望等を把握することを目的に、「A地域における生活意識に関

する調査」というタイトルでアンケート調査を実施。具体的には、21の質問項目とし、対象は那覇市A地域に在住する1,000世帯の住民（無作為抽出で実施）、また、配布方法は郵送配布で実施している（実施期間は2011年6月1～17日）。その内176世帯（174世帯が有効）より返答がある。

　質問項目の1つに、「A地域での心配事、気になる事」という問いをたてる（1人3つまでの複数回答）。結果、上位3位までの回答には、「1位・道路環境の整備（17％）」、「2位・子どもの遊び場不足（13％）」、「3位・犯罪、非行（10％）」となり、2011年時点においても子どもの遊び場に関する要望の高さが本アンケートからは窺える。

　アンケートの自由記述の中にも、子どもの遊び場に関する意見が多く寄せられた。以下に一部を紹介する。

・「高齢者や子ども達のために公園を安全に明るくキレイに整備してほしい。近所に公園はあるが薄暗く遊具も危険」
・「子どもがおりますので、もっと公園があると良いです」
・「子ども達がボール遊び（バスケットゴールがあるだけでも）や、近くに遊べる公園、スペースがほしい。ジョギングできる（安心して）コースなどがあると大人も子どもも嬉しい」
・「A地域内には子ども達が遊べる公園が少なく、たまに小学校にあるブランコとか、滑り台に孫を連れていっています。緑は多いけど、子どもが安全に遊べる公園をお願いします」
・「小中学校が近くにある。交通も便利である。病院も近くにある。という条件でA地域に決めましたが、子ども達が安心して遊べ、過ごせる広場や施設がなかったことが残念です。子ども達も大きくなりましたが、依然として、その様な子ども達が過ごせる場所がないのが、どうかと思います」

Ⅴ．考察

① 進まぬ遊び場の整備・確保
　以上を踏まえる中で明らかとなった事とは、1980年代から30年間経過

した現在においても、A地域では子どもの遊び場に関して、整備、確保ができていない状況にあると同時に、住民自身も変わらずに現在まで、子どもの遊び場（公園）の整備、確保を強く要望しているという事である。

また那覇市は、第1次那覇市総合計画が施行した1978年以降、A地域における子どもの遊び場の整備、不足といった状態を認識し、さらに整備拡充、適正配置の必要性を挙げながらも、およそ30年間経過した今日においても、着手していない状況にあり、見過ごしていると言わざるをえない。

② 少子高齢化との関連

さらにA地域は、少子高齢化が進行している地域である事についても触れたが、「子どもの遊び場」の整備、確保が十分でない事と、少子高齢化の進行とは、何らかの関連性があるとも考えられるのではないだろうか。それは子育て中の親にとって、地域内に子どもの遊び場が確保されているのか、いないのかということは、生活場所を選定する上でも、1つの基準になるのではないかと想像するからである。

つまり、子どもの遊び場の整備、確保が進まないA地域には、幼い子どもがいる家族にとって、生活のしづらい環境であり、それらが少子高齢化をより加速させる要因にもつながっていると考えられなくもないだろうか。

Ⅵ．おわりに

こういった状況の中で、2010年に有識者、小学校教諭、福祉関係者、大学生等が協力して『沖縄こども白書』[41]が出版される。第4章には「子どもと遊び」をテーマに、豊かな子どもの遊び（場）が展開されている。その中には、親子の居場所をつくりだす為に、地域住民同士が試行錯誤して、生み出してきた様々な実践も紹介されている。だが、住民主体の取り組みである一方、那覇市、沖縄県等の行政機関との連携はあまり見えてこない。

那覇市は、市民と行政の協働によるまちづくり[42]を推進しているが、

「子どもの遊び場」や「親子の居場所」といったハード面に関する整備、確保という長年の住民ニーズに対して応えていないという現実がある。今後はこれらのニーズに対して、市民と行政が一体となり、子どもの「遊び場」、「居場所」を構築していく事が、那覇市の掲げる市民と行政による、真の「協働」と言えるのではないだろうかと考えている。

今後の課題は、A地域における子どもの遊び場の現状と、少子高齢化率の進行との関連性を検討することや、1980年代以前の、戦後（1945年以降）から1980年代までの那覇市（A地域）における「子どもの遊び場」の歴史、そして変遷を明らかにしていくこととしたい。

本論では、地域社会で、少子高齢化が進行する中、地域のコミュニティが希薄になっていることを示し、そこから地域社会を活性化していく1つの考え方として、子どもを中心とした共育的関係が重要な要素になるであろうことを明らかにした。

「子どもの遊び場」は地域の人々にとって新たなコミュニティ創造の基本になると思われ、この視点から、新たな地域づくりが創造されるのではないかと考えている。

第7節　沖縄における「共育的関係」構築への一考察

加藤彰彦

　本論文は「沖縄の子どもに関する基礎的研究」をテーマに、沖縄大学の大学院生を中心に、約2年間にわたって行われた総合研究の1つの成果である。
　沖縄は、無数の島によって形成されており、典型的な「シマ社会」である。
　海に囲まれた空間の中で、人々は共に暮らしていくことによって生活を成り立たせていかねばならない。それ故に、沖縄では人と自然との共生関係を前提として暮らしの文化をつくってきた。
　それが「ユイマール」文化の背景である。
　しかし、近代化されていく中で、薩摩からの侵攻、日本への併合、そして戦後のアメリカによる占領と、多くの異文化にさらされ沖縄独自の伝統文化、共同体社会は大きく揺らぎ、個人主義の文化と消費文化の中に巻き込まれてきたといえる。その結果、人と人との絆、人と自然との共生関係が崩れ、自己中心的な文化と資本主義社会での新たな関係の中で、生きる方向性を見失ってきているといえる。
　沖縄社会も、戦後65年、日本への復帰40年を迎え、もう一度沖縄社会の基本は何であったのか、沖縄のアイデンティティとはなにかという模索が始まっているといえる。
　その中で私たちは文化の最も基本にある「子育て」の問題に注目し、そこから沖縄の現状を課題を明らかにしたいと考えた。
　本論文では、其々の関心のあるテーマから、沖縄の子どもに関する現状について調査、分析を行い、その報告を受けながら相互に意見を出し合い、内容の検討と課題の洗い出しを行ってきた。
　その結果、子どもが成長していくプロセスの中で、もっとも重要なものは、他者との関わりであり、その関係がどの様なものであるかによって、生き方が変わってくることが明らかになってきた。
　人は成長の過程の中で、まず「自分」を知るという課題と向き合う。

自分とは何か、何が出来るのかを無意識的に問うことによって、人は生きる意欲を持つことができる。

その時に重要なのが他者の存在である。

他者に受け入れられ、認められ、期待されていると自覚できた時、人は生きる意欲を高める。

しかし、他者から排除され、受け入れられていない、と感じた時は、生きる意欲を失ってしまう。病弱児及びハンセン病児のための学校の歴史についての考察では、宮古南静園にあった「稲沖小中学校」の「学校日誌」が発見され、その分析を通して、子どもと教師との触れ合いと悩みや希望が浮かび上がってきたのである。

そこから、共に生きる（共育的関係）という１つの関係のあり方が、子育ての基本、教育の基本にあると私たちはつかむことが出来た。

そこで、「共育的関係」を１つのキーワードにして現実の子育てを研究していくことになったのである。

そのためには２つの視点が有効であった。

１つは学校以外の場での子育ての実現。

入学前の保育園、そして就学中の学童保育、この２つには、家庭生活に代わる共同体的子育ての原点があると考えた。

そこで明らかになったことは、沖縄では圧倒的に認可外保育所が中心であるということである。

また、学童保育も民間のものが圧倒的多数であるということである。

経済状況の厳しい沖縄では、両親が働かねばならず、共稼ぎが中心となる。

そこで保育所、学童保育が必要となるのだが、その点への行政的な支援が極めて弱いという現実が見えてきた。

設備や生育環境、また職員への配慮も乏しく、子育て環境は驚くほどに貧弱であることが、現状分析する中から明らかになった。

保育所と学童保育をシッカリとつくりあげ、そこでの子育て環境が整えば、沖縄の子育ては大きく改善されることは間違いない。

その意味で、石田友理、嘉数千賀子両氏の分析は今後に大きな課題を提出したといえる。

もう1つの視点は、他の子どもとコミュニケーションが取りにくい、聴覚障がいのある子どもたちの現実とその対応である。この点について、沖縄だけでなく、全国的にも貴重な実践として「寺子屋」の試みがある。ここでは聴覚障がい者自身が教師となり、新たな共育的関係への実践が始まっている。この論文は、中間報告ではあるが、重要な課題提起であることは間違いない。

　また、「子どもの遊び場」の考察では、那覇市A地区でのフィールドワークをもとにして、「子どもの遊び場」に地域社会再生の本質があることを提起している。

　地域共同体の基本は、これまで「地縁」「血縁」とされてきた。しかし、今回の論文の中で新たな「子縁」という視点が1つの可能性として浮上したように思われる。

　子どもはすべての人が関われる普遍性を持ち、将来への展望とつながっている。

　それは、子どもが安心して育ち、育てられる地域社会（コミュニティ）をつくることへの基盤にもなる。子どもは、高齢者とも障がい者ともつながっていく。

　その意味で地域コミュニティの再生に「子ども」は重要な意味を持つということが今回の大きな結論の1つとなった。

　今後は、地域における「子どもの居場所づくり」の実践的研究と、子育て政策を行政と民間（地域）とで、ともにつくりあげていく、新たなモデルづくりにも取り組みたい。

　その意味で、本論文は「沖縄の子どもに関する共育的研究」、として確かな第一歩を築けたと再確認しているところである。

〔第1章　注〕

第2節　開かれた共育への模索（嘉数　睦）

⑴　嘉数睦　2012年　「沖縄における病弱教育の歴史研究――学校日誌に見る戦後のハンセン病児の教育」（4章）『2011年度　沖縄大学大学院現代沖縄研究科修士論文』
⑵　沖縄県教育委員会　1983年　『沖縄県の特殊教育』（PP383-387）
⑶　同上（PP408-409）
⑷　宮古南静園　1954年　『琉球政府立宮古南静園機関紙　南静　NANSEI』（PP7-8）
⑸　宮古南静園　1956年　『南静　NANSEI（開園25周年記念文芸特集号）』（PP13）
⑹　宮古南静園入園者自治会編　2007年　『沖縄県ハンセン病証言集　宮古南静園編』
⑺　沖縄県立森川特別支援学校　2010年　『翔べみんな第31号』（PP71）
⑻　沖縄県教育委員会　2008-2010年　「平成20年度-22年度　学校基本調査」
⑼　沖縄県教育委員会　2012年　『県立特別支援学校編成整備計画（平成24年度-33年度）』（PP32）＊2016年5月現在、休校の計画は保留されている。

第3節　沖縄県の認可外保育施設の現状と分析（石田友里）

⑽　福祉行政報告例（厚生労働省2008年4月1日現在）
⑾　2005年国勢調査（総務省統計局2005年10月1日現在）
⑿　厚生労働省保育課調べ（2007年3月31日現在）
⒀　2005年国勢調査（総務省統計局2005年10月1日現在）
⒁　「沖縄待機児童対策スタディ・グループ提言」2010年6月
⒂　文部科学省「学校基本調査報告書」（2010年5月1日現在）
⒃　「沖縄待機児童対策スタディ・グループ提言」2010年6月
⒄　同上
⒅　「子ども・子育て新システムに関する基本制度とりまとめ（案）」　子ども・子育て新システム検討会議作業
⒆　「沖縄待機児童対策スタディ・グループ提言」2010年6月
⒇　同上

第5節　聴覚障がい児を中心とした共育的関係の可能性（横山正見）

(21) 「沖縄県難聴児を持つ親の会」「沖縄県難聴・中途失聴者協会」など関係機関、沖縄県内難聴学級教員、沖縄ろう学校教員、など関係者への聞き取りによる。他地域において、聴覚障がい者が主宰者や教師役となり、聴覚障がい児の地域教育に関わる活動として以下のものがある。（2012年2月現在）

名　　　称	実施主体	所　在　地	開始年
学習塾　早瀬道場	早瀬憲太郎　早瀬久美	神奈川県横浜市	1993年
学習塾デフスクール	ＮＰＯ法人デフNet.かごしま	鹿児島県鹿児島市	2005年
アモール学習室	株式会社　アモール	兵庫県川西市	2006年
マミー学園	ＮＰＯ法人ＭＡＭＩＥ	大阪府大阪市	2010年
ろう・難聴高校生の学習塾	社会事業大学	東京都清瀬市	2010年

(22) 聞こえの程度は両耳とも100デシベル以上。補聴器装着時70デシベル。コミュニケーション方法は補聴器を使い、口話、手話、指文字、筆談など様々なコミュニケーション方法の組み合わせによる。
(23) 音声言語を使用するコミュニケーション方法であり、聴こえない子どもが訓練を受け、発音、読話（読唇）を習得することで可能となる。
(24) 聴覚障がい児の90％は健聴の両親に育てられる（北林2005）こともあり、聴覚障がい児が成人の聴覚障がい者の日常生活に接する機会は多くないと考えられる。
(25) 生徒とAさんに趣旨を説明し、引用部分を確認してもらい了解を得たのち転載。
(26) 上野・中西（2003）では、自己定義によって自分の問題を見極め、ニーズを自覚することによって人は当事者になるとした。また、当事者になるとは、エンパワーメントであるとしている。本論文で用いる「当事者」はこれらの定義を含むものである。

第6節　共育的地域社会の創造——「子どもの遊び場」からの考察（小笠原快）

(27) 「市民の友」は那覇市が発刊している広報紙であり、スタートは1952年1月28日に第1号を発刊している。当時の那覇市長平松良松は「広報紙が市民と市を結ぶパイプ役として大きな役目を持つ」と『広報・市民の友・縮小版第1集』の〈発刊にあたって〉で述べている。ちなみに発刊当時は手書きであった。
(28) 小笠原快「暮らしからみる親子と地域」沖縄女性研究者の会『研究論集・第7

号」(2011) pp27-32
⑳ 那覇市総合計画とは、地方自治法第２条第４項の「市町村は、その事務を処理するに当たっては、議会の議決を経てその地域における総合的かつ計画的な行政の運営を図るための基本構想を定め、これに即して行なうようにしなければならない。」に基づき、策定された那覇市が進める総合的な計画のことである。この時の総合計画は第１次（1978〜1987）のもので、現在は第４次那覇市総合計画（2008〜2017）まで進んでいる。
㉚ 那覇市ＨＰ「那覇市の位置と面積」
㉛ 那覇市ＨＰ「統計情報・2011年10月末現在」
㉜ 比嘉敬他『沖縄大百科事典・中』沖縄タイムス（1983）pp65-67
㉝ 秋元律郎「那覇市の都市形成とその構造」山本英治、高橋明善編著『沖縄の都市と農村』東京大学出版会（1995）pp161
㉞ 同上　pp164
㉟ 同上　pp164
㊱ 戸谷修「産業構造と就業構造の変動」山本英治、高橋明善編著『沖縄の都市と農村』東京大学出版会（1995）pp51-64
㊲ 那覇市『市民の友・縮刷版第４集』(1988) pp336
㊳ 前掲注（9）pp336
㊴ 那覇市都市計画部都市計画課ＨＰでは、都市マスタープランに関して、「本都市計画マスタープランは、都市計画法第18条の２に創設された『市町村の都市計画に関する基本的な方針』の役割を担うものであり、各種の広域都市計画との整合・調整を図りつつ、市の特性を活かした都市整備のあり方を市民にわかりやすく定め、市民・企業・行政の指針とするとともに、今後の市の定める都市計画の基本となる方針である。」と説明されている。
㊵ 那覇市『市民の友・縮刷版第８集』(2001) pp36-37
㊶ 『沖縄子ども白書』編集委員会編（2010）
㊷ 那覇市は市民と行政の協働によるまちづくりに関して、「那覇市をとりまく行財政環境が厳しさを増してゆく中で、協働のまちづくりを実現していくために、市民と事業所、行政がこれまで以上に力をあわせ、諸問題を解決していかなければならない」と述べている。那覇市「市民の友・第650号〈3〉」(2005)

【参考文献】

第2節　開かれた共育への模索（嘉数　睦）

〔第1章　注〕に記述

第4節　那覇市の学童保育の現状と課題（嘉数千賀子）

那覇市こどもみらい子育て応援課　2009年　「2009年度　那覇市放課後児童クラブ一覧表」

第5節　聴覚障がい児を中心とした共育的関係の可能性（横山正見）

上野千鶴子・中西正司　2003年　『当事者主権』　岩波書店
河崎佳子　2004年　『きこえない子の心・ことば・家族』　明石書店
北林かや　2005年　「ろう者の世界と聴者の世界の間で――聞こえない人々の親子関係にみるコミュニケーションとアイデンティティ」『社会人類学年報』　東京都立大学社会科学研究科社会人類学研究室
脇中起余子　2009年　『聴覚障害教育これまでとこれから――コミュニケーション論争・9歳の壁・障害認識を中心に』　北大路書房

第6節　共育的地域社会の創造――「子どもの遊び場」からの考察（小笠原快）

小笠原快　2011年　「暮らしからみる親子と地域」沖縄女性研究者の会『研究論集・第7号』pp27-32
沖縄子ども白書編集委員会編　2010年　『沖縄子ども白書』　ボーダーインク
那覇市　1988年、2001年　『市民の友・縮刷版第4集』、『市民の友・縮刷版第8集』
野本三吉　2010年　『沖縄・戦後子ども生活史』　現代書館
比嘉敬他　1983年　『沖縄大百科事典・中』　沖縄タイムス
山本英治・高橋明善・蓮見音彦編著　1995年　『沖縄の都市と農村』　東京大学出版会

第2章　居場所としての家庭

第1節　居場所としての家庭に関する考察　　　加藤彰彦

　子どもは、誕生と共に家族や地域の人々に見守られながら成長し、やがて成人し、地域の担い手として自立していく存在である。
　そのためには、子どもの暮らしていく生活環境がどのようなものであるかという視点が極めて重要となる。環境には様々な要素が埋め込まれており、その中から何をどのように選択し、吸収していくかは、その子どもの主体性にかかっていくのだが、その環境との関わり方の質、内容が重要になってくる。
　今回、子どもの居場所について検討していく中で、最も重要なのは「家庭」ではないかと、焦点が絞られてきた。
　家庭は、子どもが最初に出会う環境であり、第1次集団といわれている。
　一般的に、子どもが成長していく過程で関わる環境としては、家庭、学校、地域が挙げられ、これらは生活環境としても基本的な存在となる。
　私たちは、「不登校の子どもと居場所」、「ハンセン病回復者の家族」、「里親制度とファミリーホームの可能性」という視点から沖縄の子どもに関する課題提起をしつつ、問題点を整理していくことにした。
　例えば、不登校の子どもは、家庭の中には居られるが、学校や地域には出て行かれないことが多い。子どもにとって、家庭は安心できる居場所であり、安心できる人と、くつろげる時間が存在しているのである。しかし、学校に行かれない子どもたちが多くなっているということは、学校は安心できる居場所ではなくなっている、と考えられる。
　「不登校の子どもたちとその居場所」（嘉数千賀子執筆）では、不登校の子どもを抱える家庭が、地域社会からも孤立している現実を指摘し、学校と家庭をつなぐ「中間的な居場所」の役割と必要性を指摘している。そのために、家庭、学校、地域をつなぎ、相互の関係を構築していくコー

ディネーターの存在とネットワークが必要になる。沖縄の地域社会を考えると、公民館活動や公民館の活用は今後の重要なテーマになる。

「開かれた共育への模索——ハンセン病回復者の家族」(嘉数睦執筆)では、ハンセン病回復者を祖母に持つ中学生の作文と、その後の成長をインタビューによって聴き取り、祖母の中学生の頃の居場所と、自分の居場所との比較を通し「対偶性」というイメージを提出している。

祖母にとっての居場所は「育ての母親」と回答したところから、他者としての認識ではなく「同着性」があるという点に注目をしている。今後「開かれた共育」という視点から居場所における関係の質への研究が大きなテーマとして浮上している。

「沖縄県における里親制度の変遷とファミリーホームの可能性」(横山正見執筆)では、血縁ではない家族関係としての里親制度に注目し、沖縄の歴史の中から、「やむを得ない事由がある時は、適当な者に委託する」という琉球政府児童福祉法の「但し書き規定」や、島マス氏など民間の人々が自主的に行ってきた「民間手作りホーム」の伝統及び、最近のファミリーホームの状況を取り上げ、血縁家庭ではないもう1つの家庭の有効性について課題を提起している。

そして、沖縄の地域性に根ざした沖縄的ファミリーホームの可能性に1つの展望を見ている。

第2節　不登校の子どもたちとその居場所　　　嘉数千賀子

Ⅰ．不登校の分類

　近年、学校現場の抱える課題として「不登校」が挙げられる。「不登校」とは、文部科学省の定義ではいくつかに分けられる。①「学校生活に起因する型」、明らかに学校生活に問題があって登校できない場合。②「遊び・非行型」、遊ぶためや非行グループに入って登校しなくなった場合。③「無気力型」、無気力でなんとなく登校しない場合。④「不安など情緒的混乱の型」、登校の意思はあるが、不安や情緒的で登校できなくなった場合。⑤「意図的な拒否の型」、学校に行く意義を認めず、進んで登校しない場合。⑥「複合型」、上記の型が複合しており、いずれが主であるか決めがたいもの。⑦「その他」、上記のいずれにも当てはまらないもの、を挙げている。

　不登校のしくみとして、ⅰ「分離不安型」（母親との依存関係における問題）、ⅱ「抑鬱型」（精神障害に起因するもの）、ⅲ「逃避行動型」（学校現場での不適応によるもの）、ⅳ「性的役割葛藤型」、（性同一性の確立や両親との関係によるもの）、に分けられている。

Ⅱ．不登校の状況

　不登校の人数は2001年度（平成13年度）をピークに横ばいである（図表1参照）。しかし、その要因や背景は多様化し、学校教育の課題となっている。

　2003年（平成15年）5月に、「不登校への対応の在り方」として、文部科学省の通知が出され、不登校に関する基本的な考え方、学校、教育委員会の取り組みの充実が記された。

　以後、学校内での指導体制、教育条件の整備等、不登校の解決、児童生徒の社会的自立に向けて、学校内外においてさまざまな支援、取り組みが行われるようになる。

図表1

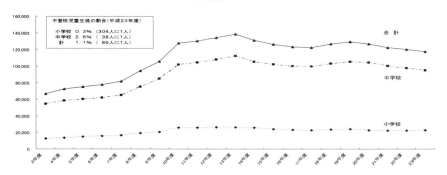

出典:「不登校児童生徒数の推移」文部科学省（2012年）

Ⅲ．沖縄における不登校児童生徒の支援の状況

① 沖縄県内の学校外適応指導教室

　現在、公的機関を含め民間施設、NPOなどによる不登校児童生徒の居場所が数多く存在するが、その中でも、沖縄県の公的機関における不登校児童生徒の居場所に関して考察する。調査方法は文献や聞き取り、インターネットによる。

　文部科学省は不登校への対応として、教育センターや教育研究所等の活用を進め、各教育委員会が設置している適応指導教室は、2003年（平成15年）の通知により教育支援センターと適宜併用され、親しみやすい名称を付してよいとされている。

　沖縄県でも県総合教育センター内に「てるしの教室」、各事務所や教育研究所、市町村教育委員会に適応指導教室を設置している（図表2）。但し、すべての市町村教育委員会に設置されているわけではない。図表2以外にも緊急的、一時的に設置している教育委員会もある。

　また、民間施設においても「適応指導教室整備指針」や「民間施設についてのガイドライン」に留意し、一定の要件を満たす場合、児童生徒を出席扱いとすることができるが、設備、指導内容、指導員の人数等に関して整備の充実が求められる。

図表2　沖縄県内の適応指導教室と教室名

設置機関	教室名
沖縄県立総合教育センター	適応指導教室てるしの
石垣市立教育研究所	あやばに教室
宮古島市立教育研究所	適応指導教室まてぃだ教室
糸満市教育委員会学校教育課	とびうお教室
島尻教育研究所	しののめ教室
那覇市教育委員会	きら星（遊び・非行型）
那覇教育研究所	あけもどろ学級
浦添市青少年センター	適応指導教室いまぁじ
宜野湾市立教育研究所	若葉教室
沖縄市立教育研究所	適応指導教室すだち
うるま市立教育研究所	さわやか学級
名護市児童センター	適応指導教室あけみお学級

② 学校内での取り組み

　現在、小学校における不登校児童は「保健室登校」が主であり、不登校児童が常時利用できる専用の教室はほとんど設置されていない。学校によっては、ＰＴＡ室や空いているスペースを利用している場合もある。

　中学校では、多くの学校で適応指導教室を設置しているが、校舎の外れや人目のつかない所への設置や、プレハブを利用する場合もある。教室数は不登校生徒数により1～2教室である。1つの教室を、遊び・非行型不登校生徒の適応指導教室とすることがあるが、課題が多く、実際には開級していないこともある。

　スタッフは、専属の本務の教員が配置されることもあるが小規模学校では、非常勤の支援員が担当する場合が多い。教員の他に、学習支援員や教育相談員、カウンセラー、自立支援員等が配置されているが、教室数、教員や支援員数、支援内容も学校間で異なり、課題を抱えている場合がある。未整備の状況にある。

Ⅳ．不登校児童生徒支援における課題

① 支援環境

　教育委員会や教育研究所による適応指導教室の場合、人材もプログラム内容も充実しているが、学校外での適応指導教室を利用する生徒は、学校内の適応指導教室に登校できない場合が多いため、学校復帰に時間

が必要となることもある。また、所属校との連携、保護者の送迎を基本としている為利用できる児童生徒は限られる、といった課題もある。

　学校内の適応指導教室は、不定期登校や時差登校の生徒が利用する。多くの学校で人通りの少ない場所に設けられ、校舎外から入ることも出来、周囲を気にする生徒にとっては利用しやすい。また、駐車場から近い場合は、生徒が車から降りることが出来なくても、顔を見ることや、保護者と話をすることが出来る。しかし、人目のつきにくい場所に設置される為、担任や同級生と疎遠になり教室復帰のハードルが高くなる場合がある。

② 支援内容
　教育委員会や教育研究所による適応指導教室の場合は、プログラムや体制が整備され個に応じた支援、行事や学習も適宜行える。
　しかし、学校内の適応指導教室では学校間格差が生じている。コーディネーター的役割の教員が専属で担当し、個別支援計画を立て、複数の支援員が関わる学校では児童生徒に応じた支援が行える。しかし、非常勤支援員が担当する場合では、教科指導等で難しい場合がある。

Ⅴ．状況と取り組み

① 沖縄県の状況と取り組み
　不登校児童生徒の居場所は、公的機関、民間施設等で多様な取り組みが行われているが、環境も内容も不十分な状況にある。今後、文部科学省による「不登校への対応の在り方」に関して県は学校及び市町村教育委員会に周知の徹底と、適切な対応への指導が必要である。
　県内の不登校児童生徒の数は2009年度で1742人（小学校353人、中学校1389人）である。不登校対策としてスクールカウンセラーや巡回教育相談員、子どもたちの生活リズムの改善に取り組む立ち直り支援コーディネーターを活用する事業等、さまざまな対策を講じている。文部科学省による「平成21年度児童生徒の問題行動等生徒指導上の諸問題に関する調査」において、不登校の取り組みで効果があったものが図表3であり、

必要な取り組みが見えてくる。

図表3 「指導の結果登校する又はできるようになった児童生徒」に
特に効果があった学校の措置

区　　分		合　　計
学校内での指導の改善工夫	不登校の問題について、研修会や事例研究会を通じて全教師の共通理解を図った	6,579校 35.0%
	全ての教師が当該児童生徒に触れ合いを多くするなどして学校全体で指導にあたった	5,424校 28.8%
	教育相談担当の教師が専門的に指導にあたった	3,487校 18.5%
	養護教諭が専門的に指導にあたった	4,485校 23.8%
	スクールカウンセラー等が専門的に指導にあたった	7,452校 39.6%
	友人関係を改善するための指導を行った	5,335校 28.3%
	教師との触れ合いを多くするなど、教師との関係を改善した	6,001校 31.9%
	授業方法の改善、個別の指導など授業がわかるようにする工夫を行った	3,358校 17.8%
	様々な活動の場面において本人が意欲を持って活動できる場を用意した	5,223校 27.7%
	保健室等特別の場所に登校させて指導にあたった	7,106校 37.8%
家庭への働きかけ	登校を促すため、電話をかけたり迎えに行くなどした	9,315校 49.5%
	家庭訪問を行い、学業や生活面での相談に乗るなど様々な指導・援助を行った	9,113校 48.4%
	保護者の協力を求めて、家族関係や家庭生活の改善を図った	7,412校 39.4%
他機関連携	教育相談センター等の相談機関と連携して指導にあたった	4,615校 24.5%
	病院等の医療機関と連携して指導にあたった	2,464校 13.1%
その他		658校 3.5%
不登校児童生徒在籍学校数		18,823校 100.0%

(注1) 複数回答可とする
(注2) パーセンテージは各区分における不登校児童生徒在籍学校数に対する割合
　出典:「平成21年度児童生徒の問題行動等生徒指導上の諸問題に関する調査」文部科学省

Ⅵ．養護教諭、カウンセラー、スクールソーシャルワーカー

　上記の調査結果からカウンセラーや養護教諭の存在が大きいことが分かる。人との関わりが困難な状況にある不登校の子どもたちの多くは、話を聴いてくれ、信頼できる存在を求めており、心の声に耳を傾け、内面の課題に寄り添う存在は重要である。

　スクールカウンセラーは１人ひとりの子どもたちに応じて対応し、子どもとの関係を作り、次の関係へと繋げていく。国のスクールカウンセラー派遣事業は、2006年度（平成18年度）で小学校1697校、中学校7692校、高等学校768校が配置されている。

　また、近年、児童生徒の環境に着目し、学校内、学校外の関係機関との連携を図る役割を持つスクールソーシャルワーカー（ＳＳＷ）事業も施行されている。2011年度（平成23年度）、ＳＳＷは全国に1096人が配置されている。不登校の問題は、児童生徒だけでなく家庭が地域社会から孤立するなど、家庭が抱える問題に起因する場合も多い。家庭と地域や福祉機関と繋ぐ役割は今後期待されるものである。

Ⅶ．まとめ

　学校が居場所でなくなった子どもたちにとって、適応指導教室は、学習活動、体験活動、相談活動を通して他者との関係を取り戻し、関係を築いていく中間的な居場所である。子どもに応じて、学校復帰や社会的自立に向けた支援が期待でき、今後の充実が求められる。同時に、学校や地域のあり方も問われてくる。社会から孤立した児童生徒や家庭の状況を見出し、「包み支え合うための方策」を講じていく社会的な対応原理「ソーシャル・インクルージョン」の理念が必要である（森田洋司 2007）。学校、家庭、地域が連携し、相互に協力・補完し、共に関係性を築くネットワーク構築が望まれる。

第3節　開かれた共育への模索
——ハンセン病回復者の家族

嘉数　睦

Ⅰ．はじめに

　戦後、沖縄県のハンセン病療養所、愛楽園と南静園には、公立の小中学校がそれぞれ設置され、1981年の閉校までの29年間に２校で延べ1,136人のハンセン病の子どもたちが在籍していた[1]。在籍者のピークは1953年度で２校合わせて100名であった。以後、減少し1970年代には10人以下となり、1979年、最後の中学校卒業は１名であった。既に多くの子どもたちは、回復者として療養所を出ていた。

　2007年、『ハンセン病だった私は幸せ——子どもたちに語る半生、そして沖縄のハンセン病』[2] が出版された。著者である金城幸子さんの孫、金城光彩さんは、中学１年でその本を読み「ハンセン病だった祖母は幸せ」の題で作文を書いた[3]。２年後、同作文は、第29回全国中学生人権コンテスト沖縄県大会で那覇地方法務局長賞を受賞し、中央大会にて奨励賞を得た。そして、金城光彩さんは、今年（2013年）３月、高校を卒業し、４月からは大学生となる。作文に綴った祖母への思いを聞かせて貰った。中学生の孫は祖母の体験をどのように受け止めたか、聞き取りと作文から、家族の中で開かれた共育について考える。

Ⅱ．金城幸子さんについて

　『ハンセン病だった私は幸せ』の著者略歴に、次のように記されている。「1941年、ハンセン病を患う母が逃げ込んだ熊本・回春病院で生まれる。その後、育ての親に引き取られ、久高島、与那国島などで幼少期を過ごす。８～９歳頃、ハンセン病を発症し、沖縄愛楽園に入所。園内の小中学校から岡山の邑久高校新良田教室に進学。卒業後九州で働く。1967年、沖縄に戻り結婚、３児をもうける。1982年、愛楽園に再入所、1998年に提訴されたハンセン病違憲国賠訴訟で沖縄愛楽園原告団副団長を務める。

裁判の和解を経て2002年、沖縄愛楽園を退所。『ハンセン病回復者語り部』として、講演などの活動をしている」[4]。 幸子さんは、著書の表紙に自分の写真を出し、名刺には「ハンセン病回復者語り部」と書いてある。

光彩さんは、祖母、幸子さんを次のように紹介する。

「私の祖母は猪突猛進。やりたいことが見つかると、わき目もふらずに飛び込んでいくタイプ。一緒に行った夏祭りでは、盆踊りの曲が流れると、人目も気にせず最初から最後まで楽しそうに踊っていました。そんな明るい祖母の周りはいつも笑顔で溢れています。(略) 祖母は昔、『ハンセン病』という病気でした。(略) そしてよく、『ハンセン病でよかった』と言います。祖母は、ハンセン病にかかり、悲しく、苦しい思いを何度も感じたはずなのに、なぜ今『良かった』と言えるのだろうと、疑問を持ちました」

なぜ「ハンセン病で良かった」と言うのか、光彩さんは疑問を素直に述べている。中学生の孫が、祖母の体験から何を受け取るのか、辿ってみる。

Ⅲ．ハンセン病回復者の祖母の体験について

① 同年齢の視点からの共感
　光彩さんが祖母について書くことになったいきさつには、作文課題と祖母の著書出版があった。「今、私はその頃の祖母と同じ年齢です。しかし、こんなに重く深く悩んだことは一度もありません。」この文章の「その頃」とは「祖母が自殺を試みた年齢」のことであり、祖母が自殺に選んだ場所の描写もある。同じ中学生の光彩さんには、祖母の人生を自らの体験のように感じたのであろう。それは、「子ども達に語る半生」と書名に付けた祖母の願いでもあった。

② 気持ちが伝わる
　幸子さんは、裁判によって人権を回復したと実感し、自身を「ハンセ

ン病回復者」と言う。

　「普通に考えると『かわいそう』と思われるかもしれません。しかし私は、祖母と話すたびに『ハンセン病で良かった』という気持ちが伝わるのです。」「ハンセン病で辛い思いを体験したからこそ、人の心の痛み、命の大切さやありがたさが分かりました。（略）祖母は本当に幸せだと思います」

　光彩さんは、祖母の生き方と物事の捉えに共感する。そして、「家族にハンセン病と公表できない人がいることも認め、そのままでいいという祖母の考えが受け入れられる」と、付け加える。

③「家族」のつながり
　幸子さんと息子さんの家族は、2013年1月16日沖縄タイムスに「社会を拓いた女たち」として写真入りで紹介された。写真には、光彩さんの妹も居り、説明には「今はハンセン病について家族ともオープンに話す。孫達は、金城幸子さんを題材に作文を書くなど、幸子さんの人生に学ぼうとしている」とあった。光彩さんが「ハンセン病だった祖母は幸せ」を書いて約6年、家族の中に「祖母のハンセン病から学ぶ」思いは、ごく自然に繋がっているのである。

Ⅳ．まとめと課題

① 祖母と孫の生活体験
　「全国中学生人権コンテスト沖縄県大会作文集」[3]には、最優秀賞と優秀賞の20点が掲載される。第21回大会（2001年）から第31回大会（2011年）の間に、「ハンセン病」に関する作文は、14点（7％）あった。最優秀賞2点がハンセン病の祖父母について書いており、全国大会でも受賞している。その1点が光彩さんの作文で、唯一他と異なるのが、ハンセン病の当事者である祖母との生活体験が現在も続いていることである。
　作文を書いてから4年が経ち、改めて話を聴かせてほしい、と申し出

たところ、光彩さんは、「気負って書いたのではない」と言い、幸子さんと一緒に会ってくれた。話している内に気づいたことがあった。光彩さんにとって祖母、幸子さんは、いつもと変わらない「おばあちゃん」である。それを筆者は、ハンセン病の特別な祖母として捉え、質問していたことに気付き、詫びた。

光彩さんは、友人たちもハンセン病に特別な感じ方はないと言い、祖母の明るさとタフさが自慢と言う。一方、幸子さんは「光彩さんは自分に似ている」と言うのである。

幸子さんに、中学生のころの「居場所」について尋ねたところ、「育ての母親」と答えた。そして、「ハンセン病の家族の絆にはもろさがある」とも言った。実の親から捨てられたという複雑な思いがあり、関係の修復は厳しいという。

光彩さんは作文に、「差別や偏見に負けず希望に向かって行動した祖母の強さがあったから、父が生まれ、私がいるのです。（略）私も自分らしく輝く命を生きたいと思います。」と書いている。

② 生活体験と対偶性

村瀬学は、「母親と他の人と区別して受け止める対人関係は社会性の現れでなく、対偶性という特異な心の現象」「〈社会性〉は相手を他者として、別物として踏まえた上で成り立つ関係である。〈対偶性〉は、そうではない。初めに融合、同体、同着性がある。この２つによって立つ基盤＝原理は異質のものである。恋人との関係や家族の関係の本質が〈対偶性〉である」[5]という。そして、「社会性としての対応を受けても同着としての体験がないと根元的な不安を生む可能性がある」という。

祖母の体験を中学生の孫、光彩さんが現在の自分と重ねる事ができたのは、祖母、幸子さんとの日々の生活体験があったからではないだろうか。なによりも、祖母の明るさと心に深く刻まれた悲しみを分かち合う家族があった。

今後は、「ハンセン病回復者」にかかる「家族」「開かれた共育」について、村瀬が言う〈対偶性〉の視点での整理することを課題とする。

第4節　沖縄県における里親制度の変遷と
　　　　ファミリーホームの可能性

横山正見

Ⅰ．はじめに

　沖縄県は社会的養護[6]における里親等委託率（里親・ファミリーホーム[7]委託）が全国で2番目に高く、里親等の先進県と言われている[8]。本稿では第1に沖縄県における里親等の変遷とその特徴を概観する。第2に沖縄県における里親制度とファミリーホームの現状を概観し、沖縄における社会的養護の新たな展開を考察する。

Ⅱ．沖縄県における里親制度の歴史と特徴

① 沖縄戦と施設不足

　沖縄戦は社会に甚大な影響を及ぼしたが、児童福祉の分野においても同様である。戦争で家族を亡くし、孤児となった子どもたちは収容所に集められたが、次第に孤児院や親せきに引き取られることになる[9]。しかし、1950年代当時、児童福祉施設は「愛隣園」、「石嶺児童園」と石嶺児童園の乳児施設（定員5名）のみであった。しかも、乳児施設は1963年に閉鎖されてしまう。そのため、補完的な役割として里親制度が活用されることになる[10]。

　復帰後も、「施設の絶対数不足の中で、（略）処遇問題は深刻の度を超えて（略）里親さんに出番を願うしか（略）」（『沖縄県里親会20周年記念誌』9頁）と当時の中央児童相談所の所長が述べているように、依然として施設不足の状況であった。

②「但し書き規定」

　アメリカ統治下の1953年に琉球政府児童福祉法（以下、児童福祉法）が制定され里親制度が規定された。1959年に児童福祉法が改正され、「但し、付近に児童を入所させるべき児童福祉施設がない等やむを得ない事

由がある時は、適当な者に委託して、保護を加える措置をとることができる」(『戦後沖縄児童福祉史』30頁)という沖縄独自の「但し書き規定」が加えられる。

　この規定により、施設入所、里親委託どちらも難しい子どもを措置権者が適当と認めた者に委託することができるようになった。つまり、子どもは親戚等の縁故者のもとで生活できるようになる。

　「縁故者等で児童を養育するにふさわしいが資力に乏しい者等が活用された。本土にない制度であるが、これで多くの児童の福祉が図られた」(前掲書30頁)とあるように、「但し書き規定」は沖縄の里親制度において重要な役割を果たすものであった。

　1964年から年間13名から33名の子どもが「但し書き規定」により委託され、復帰後は条件付き里親として切り替えられた。(前掲書88頁)

Ⅲ. 民間の活動

　戦後の厳しい社会状況の中、公的な取り組みは十分でなかった。補完するように民間で社会的養護が取り組まれるのである。1950年代、コザは基地や米兵の関わる事件が多発。さらに地域全体が貧困状態にあり、子どもたちを取り巻く環境は非常に厳しく、売春、窃盗など様々な問題に子どもが巻き込まれていた。そのような状況において、児童福祉実践家である島マス氏は、8名の女子を引き取り1953年に「コザ女子ホーム」を開設した。そして、困難な状況にある子どもを温かい家庭の雰囲気と愛情により育てる活動を始める。

　島マス氏は当時のことを以下のように記述している。

　　「私は子ども達を収容し保護する毎日の生活を通して、沖縄社会の暗黒の場面と子ども達の苦悩を知ることになりました」(『島マスのがんばり人生』123頁)

　　「私は新しい子が入ってくると、必ず布団で抱いて寝ることにしていました」(前掲書126頁)

　　「子ども達を社会から隔離するのではなく、(略)家庭復帰ができるように、人間への信頼を取り戻させる」(前掲書127頁)

島マス氏の地道な取り組みが行政にも認められ、1956年には児童相談所の一時保護所となり、「コザ少女の家」という名称になる。民間の手作りホームが、公的な児童福祉施設の役割を果たすようになるのである。公的な施設になった後も「家庭的な養護」が島マス氏の活動の基本であった。

Ⅳ．鳩間島の取り組み

沖縄における社会的養護のもう1つの特徴として、離島における社会的養護がある。

1983年、鳩間島で暮らすことを希望する4名の子どもが「愛隣園」から鳩間島の里親へ委託された。鳩間島は人口約50名、小中学校の存続や島の将来を考え、里子を島の子どもとして受け入れたのである。

当時の「愛隣園」の渡真利源吉園長は、「子どもの養育の責任は、勿論、親の方にあるが、同時に島の皆さん全体で子どもを育てるという心遣いが大切である（略）私は、この鳩間島を児童福祉の原点と捉えている」（『波濤を越えて〜鳩間小学校創立百周年記念誌』173頁）と鳩間島の取り組みは児童福祉の原点であると述べている。その後も、鳩間島への里親委託が続き、島全体での社会的養護が行われた。

しかし、鳩間島に高校が無いことによる高校進学の問題、里親の高齢化、熱心に取り組んだ教員の異動、子どもの問題行動もあり措置変更もあったという。その後、鳩間島の里親制度は海浜留学と名を変え里子以外の受け入れを行っている。

Ⅴ．先行研究における指摘

沖縄における社会的養護の先行研究を見てみよう。代表的な里親研究である『里親制度の実証的研究』（松本1991）によると沖縄県は他県に比べ里親制度が普及しており、その特徴は①アメリカ軍政府の児童保護事業の流れ、②地域住民に児童保護の傾向が浸透、③知事の里親制度奨励、④里親会の活動、⑤里親委託制度賛助会、⑥児童相談所に児童福祉司が

採用される、等を挙げている。(前掲書173、174頁)

また、「沖縄における児童養護と里親制度」(牧園1993)では、沖縄県で里親制度が普及している理由として、上記の松本の指摘に加え、復帰前も復帰後も児童福祉施設が不足していること(前掲書222、231頁)や非嫡出子の多さ(前掲書227頁)を挙げている。さらに、「沖縄県の里親制度は復帰までの20年余りは日本政府法を基礎としているとはいえまったく異なる歴史を持つといえよう」(前掲書223頁)と沖縄の独自性を指摘している。

先行研究においても、沖縄が歴史的に里親制度の先進県であり、その要因も含め沖縄独自の展開があることが分かる。

Ⅵ. 近年の社会的養護、沖縄県の里親制度ファミリーホームの状況

① 都道府県別の里親等委託率

時代を進め、現在(2013年)の社会的養護の状況を見てみよう。下記のグラフは社会的養護における都道府県別の里親等(里親、ファミリーホーム)委託率である。2012年の委託率を見ると、沖縄県は31.6%であ

図表4　都道府県別の里親等委託率
(厚生労働省2012年)

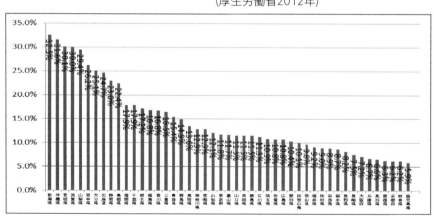

出典:厚生労働省発表資料

り、全国平均の13.6%を大きく上回り、全国で2番目に高いことが分かる。

② 沖縄県、全国の里親、ファミリーホームの推移
　また、図表5は沖縄県と全国の里親とファミリーホームの5年間の推移である。
　里親については、全国では里親登録数が減少し、里親に委託されている児童数は増加している。沖縄県においては登録里親数が半減し、里親に委託されている児童数も減少している。
　一方、ファミリーホームについては、全国、沖縄ともにファミリーホーム数、委託されている児童数が3倍近く増加している。

図表5　沖縄県・全国の里親、ファミリーホームの推移

年度	沖縄県					全国				
	登録里親数	児童が委託されている里親数	里親に委託されている児童数	ファミリーホーム数	ファミリーホームに委託されている児童数	登録里親数	児童が委託されている里親数	里親に委託されている児童数	ファミリーホーム数	ファミリーホームに委託されている児童数
2007	246	73	122			7882	2453	3424		
2008	138	71	121			7934	2582	3633		
2009	116	75	124	3		7808	2727	3870	53	219
2010	125	67	106	3	16	7180	2837	3836		497
2011				10	44	7669	2971	3876	145	686

出典：「福祉保健行政の概要」沖縄県福祉保健部（各年度）
　　　「平成21〜23年度版　児童相談所業務概要」沖縄県福祉保健部青少年児童家庭課（各年度）
　　　「社会的養護の現状について」厚生労働省ホームページ（2012）
　　　「里親制度等について」厚生労働省ホームページ（2011）

　これらのことから、里親については、全国では登録里親数の減少と委託児童数の増加がみられ、里親あたりの委託児童数が増えていることが予想される。一方、沖縄では里親登録、委託児童どちらも減少している。また、ファミリーホームについては、全国、沖縄ともに増加していることが分かる。
　所管する厚生労働省は、里親、ファミリーホームといった家庭的養護の拡充を示唆しており、「子ども子育てビジョン」（2010年1月閣議決定）で2014年度までに里親等の委託率を16%（2013年3月現在13.6%）に引き上げることを掲げ、「社会的養護の課題と将来像」（2011年7月）では、

今後10数年で家庭的養護の委託率を30％に引き上げる目標を示している。
　厚生労働省の方針、統計の推移からも今後、家庭的養護の拡充、中でもファミリーホームが広がることが予想される。これまでに里親制度が普及している沖縄においてはその傾向が予想される。

Ⅶ．ファミリーホーム訪問

　2013年２月、３月実際に沖縄県内のファミリーホームを訪ねた。沖縄県のファミリーホームは夫婦、持ち家での運営が基本である。訪ねたファミリーホームは自宅を改修し、夫妻と補助員（親せき）により運営され、小中学生が５名暮らしている。ご夫婦は数年前に里親を始めたが、年々委託される子どもが増えたことからファミリーホームへ移行したという。

　以下、テーマに分けて紹介する。

　――ファミリーホームの長所を教えてください
　「養育者として夫婦がいて、そこにもう１人が入るところがいいですね。３人目（補助員）の役割が大きいと思っています。（略）夫婦だけでは難しいこともあるから、３人目の視点があると助かるね」

　３人目の大人の存在が重要であり、ここでは夫婦でも他人でもない立場の親せきにお願いしている。

　「沖縄は親せき付き合いが人間関係の基本じゃないかな。沖縄の家庭的な雰囲気で育てるには、親せきまで含めたものだと思うんですよ。シーミー、お盆、親せきの行事には連れてって、『あんたのいとこだよ』って、一緒に遊んでね」

　そして、補助員にも謝礼が出るなど、仕事として関われることが制度として重要であるという。また、ファミリーホームを支える外部環境として地域があるという。

「(里親を) 始めるまでは近所付き合いはほとんど無かったけど、ここのことを近所に伝えてるから、『あの子はここの子だねぇ』って分かるんじゃないかな。(略) ＰＴＡの仕事を引き受けたり、学校とのつながりも作るようにして、(子ども達に) 部活をやるように言いますよ。学校は学校の目で、私たちは私たちの目で見るからね。全部を抱え込んだらダメですよ」

――１、２人ではなく、５、６人の子どもが一緒に暮らすことに特徴があるように思うのですが。
「考えたことなかったな…。私も５人きょうだいで育ったし、近くの家も５人６人のきょうだいで一緒になって遊んでいたからね。このくらいの人数が自然なんじゃないですか。(略) 喧嘩があっても誰かが醒めた目で見てるから。逆に子どもが少ないと、べったりで親も大変じゃないかな」

ご自身の育った沖縄の家庭環境や地域の環境とファミリーホームの養育環境は近いものであるという。また、難しかった事例として、措置変更になったケースがあったが、後日子どもから電話があったという。

「何かあった時、電話をかけてくれるのは嬉しかったですよ。心のどこかに、ここのことがあったんでしょうね。(略) 全国のファミリーホームがネットワークを作って、(ファミリーホーム) 卒業生の駆け込み寺みたいな機能があったらいいと思いますよ。卒業後 (18歳以降) のことは課題ですね」

ファミリーホームの成果は、巣立った子どもの姿にあるという。その意味でも継続的なサポートの必要があり、児童相談所との定例会も開催しているという。
　親せきを含む大人と５、６人の子どもが生活し、地域とともにあるファミリーホームのあり方は、新たな試みでありながらも、環境としては過去の子育てを再現しているとも考えられる。

ファミリーホームに掲示されていた子どもの文章も紹介する。

「おじさんへ
　まいにち、あさごはんを作ってくれて　ありがとうございます。
　ねむたくてもがまんして作ってくれて　ありがとうございます。
　これからもよろしくおねがいします。ありがとうございます。」

Ⅷ. まとめ

　沖縄戦の影響、施設不足、アメリカの統治、戦後の貧困が子どもに及ぼした影響、そして、島マス氏に代表される民間での取り組みと「但し書き規定」といった法的な後ろ支えも確認した。更に、鳩間島にみられるような島（地域）全体での取り組みも確認した。つまり、沖縄を取り巻く社会状況と、沖縄に元々あった島（地域）の共同性に根差した取り組みが里親制度の沖縄的な展開を進めたと考えられる。
　そして、近年始まったファミリーホームの取り組みは、沖縄にマッチした形で展開する可能性を垣間見た。この取り組みが広がることは核家族化、都市化といった家庭や地域の変容と子育ての問題に一石を投じるものであると考える。
　また、本稿の課題はファミリーホームを卒業したあとの子どもたちの居場所を考察できなかったことである。子どもたちが社会で自立することは大きな課題である。今後の研究課題としたい。

第5節　おわりに　　　　　　　　　　　　　　加藤彰彦

　以上の研究論文をもとに、相互扶助、互恵的関係を基本とする非血縁的環境の二重、三重のセーフティーネットを作っていく構想や、生きる上で困難を抱えた子どもの居場所として「拡張型家庭」（家庭的要素を拡大した生活環境）のようなものが可能なのか、というテーマが大きく浮かび上がってきた。
　本来、子どもをも含め私たち人間は、1人だけで生きることは難しい存在である。他者及びさまざまな自然と共存することによってはじめて生きることが可能になる存在であった。
　その意味では「共存」すること、あるいは「共生」することが、人間としての生き方の基本にあったと思われる。
　そうした共生（開かれた関係）を本質として生きることができた生きものの中で、人間は「共に生きる」という関係性から、他の存在を自分のために「利用する」という形で、そこから外れ、人間を中心とする社会をつくり上げてきたように思う。
　この延長上に、人間集団としての「共同体」からも、まず「家族」が抜け出し、さらに1人の個人として生きていく世界を築いて、現代の社会が生まれてきたように思われる。
　つまり、生きものとしての共同体からも、また人間としての共同体（コミュニティ）からも外れ、個として生きる社会が、現代の私たちの暮らしの基本形になったのだが、個々バラバラのアノミー状況になり、人間は不安と淋しさの中で生きなければならなくなったのではないかという気がする。
　そして今、もう1度、さまざまに異なった存在が共存しつつ、補い合い支え合う関係性を求め、血縁、地縁をも越えて、つながり合う関係の中で生きることを求めているように思われてならない。
　その意味で、共に育ち合う原型として「家族」という形態は、新たな人間のつながりと再生に向けて問い直されるべき時期を迎えているように思われる。

〔第２章 注〕

第３節 開かれた共育への模索――ハンセン病回復者の家族（嘉数　睦）

(1) 沖縄県教育委員会　1983年　『沖縄の特殊教育』(PP383-387)
(2) 金城幸子　2007年　『ハンセン病だった私は幸せ――子どもたちに語る半生、そして沖縄のハンセン病』　ボーダーインク
(3) 那覇地方法務局・沖縄県人権擁護委員連合会　2009年　『全国中学生人権作文コンテスト　沖縄県大会作文集』＊各年度毎に入賞作文37編がまとめられる。
「ハンセン病だった祖母は幸せ」沖縄市立沖縄東中学校３年　金城光彩
　　私の祖母は猪突猛進。（略）とりわけ家族に囲まれた時の祖母はとても幸せそうです。そんな元気で明るい祖母ですが、実は辛い過去がありました。祖母は昔、『ハンセン病』という病気でした。（略）祖母は、ハンセン病だった頃の事を時々、私に話してくれます。そしてよく、「ハンセン病でよかった。」と言います。（略）祖母の母が当時らい病と呼ばれていたハンセン病にかかっていたので、祖母が１歳の頃（略）らい病だった母親と別れさせられたのです。（略）寂しかったに違いありません。その後、祖母は様々な家を転々としました。（略）薄暗くて狭い部屋でずっと一人きりでした。何年か経ち、愛楽園に再び隔離された中学生の祖母はこう考えました。「私はずっとこの狭い世界でしか生きていけないのか。それなら、夢や希望なんて持てない。もう死んでしまいたい。」祖母は海辺の大きな岩に登り、自殺を試みました。（略）今、私はその頃の祖母と同じ年齢です。しかし、こんなに重く深く悩んだことは一度もありません。どれほど辛い状態だったのでしょう。しかし祖母は、そんな真っ暗な世界から新たな希望を見つけ出しました。それは高校進学の夢です。祖母は親友と船で本土に逃れ、高校に見事合格し、無事卒業しました。その後就職、結婚。３人の子宝にも恵まれました。（略）時が過ぎ、祖母達ハンセン病患者に転機が訪れました。それは2001年のことです。らい予防法撤廃の裁判に見事勝訴したのです。（略）けれどもその時祖母は58歳。人生の半分以上を差別と偏見の中で生きてきました。そんな人生は普通に考えると「かわいそう」と思われるかもしれません。しかし私は、祖母と話すたびに「ハンセン病で良かった」という気持ちが伝わるのです。ハンセン病で辛い思いを体験したからこそ、人の心の痛み、命の大切さやありがたさが分かりました。（略）辛かったけれど、大切な心を手に

する事ができた祖母は本当に幸せだと思います。(略) ハンセン病のことをただの悲しくて遠い昔話だと思わないでください。(略) 身近から少しでも差別や偏見を減らそうという気持ちで毎日を過ごしてください。そして、その気持ちを行動に移してください。すると、世界が変わり、大切な心が持てると思います。

(4) 『ハンセン病だった私は幸せ』奥付
(5) 村瀬学　2007年　『初期心的現象の世界――理解おくれの本質を考える』　洋泉社（PP154-156）

第4節　沖縄県における里親制度の変遷とファミリーホームの可能性
(横山正見)

(6) 保護者のない児童、被虐待児など家庭環境上養護を必要とする児童などに対し、公的な責任として社会的に養護を行うこと。対象児童は全国で約45,000人である（「社会的養護の現状について」厚生労働省2012）。また、社会的養護には児童福祉施設による「施設養護」と里親やファミリーホームによる「家庭養護」がある。
(7) 2009年から始まり、正式には「小規模住居型児童養育事業」という。第2種社会福祉事業として位置づけられ、5、6人の子どもを家庭的な環境で養育するものである。養育者は資格要件が定められ、一つのファミリーホームに3名以上である。
(8) 2012年3月における社会的養護における里親委託率は31.6%（「社会的養護の現状について」厚生労働省2012）。
(9) 『戦後沖縄児童福祉史』87頁
(10) 同上88頁

【参考文献】

第2節　不登校の子どもたちとその居場所（嘉数千賀子）

伊藤茂樹編　2007年　『リーディングス日本の教育と社会　第8巻　いじめ・不登校』日本図書センター
斎藤万比古編　2007年　『不登校対応ガイドブック』　中山書店
文部科学省　2003年　「不登校への対応の在り方について」　文部科学省ホームページ
文部科学省　2007年　「スクールカウンセラー等活用事業費補助（拡充）」　文部科学省ホームページ
文部科学省　2010年　「平成21年度児童生徒の問題行動等生徒指導上の諸問題に関する調査」　文部科学省ホームページ
文部科学省　2011年　「平成23年度スクールソーシャルワーカー活用事業実施要領」　文部科学省ホームページ

第3節　開かれた共育への模索——ハンセン病回復者の家族（嘉数　睦）

〔第2章　注〕に記述

第4節　沖縄県における里親制度の変遷とファミリーホームの可能性（横山正見）

沖縄県里親会　1992年　『沖縄県里親会20周年記念誌』
沖縄県生活福祉部　1998年　『戦後沖縄児童福祉史』
厚生労働省　2010・2012年　「社会的養護の現状について」ホームページ
　（http://www.mhlw.go.jp/stf/shingi/2r98520000018h6g-att/2r98520000018hl7.pdf）2010年
　（http://www.mhlw.go.jp/bunya/kodomo/syakaiteki_yougo/dl/yougo_genjou_01.pdf）2012年
島マス先生回想録編集委員会　1987年　『島マスのがんばり人生——基地の街の福祉に生きて』
鳩間小学校創立百周年記念誌編集委員会　1997年　『波濤を越えて——竹富町立鳩間小学校創立百周年記念誌』

野本三吉　2010年　『沖縄・戦後子ども生活史』　現代書館
牧園清子　1993年　『沖縄県における児童養護と里親制度』　松山大学論集
松本武子　1991年　『里親制度の実証的研究』　建帛社

第3章　那覇市寄宮地域における
　　　　子ども実態把握調査報告

第1節　はじめに
　　　　　　　　　　　　　　　　　　　　　　　　　　横山正見

Ⅰ．研究の経緯と目的

　沖縄大学地域研究所の共同研究班「沖縄の子どもに関する基礎的研究班」は、2011～2013年度の3年間、沖縄の子どもに関する各地域、各分野での取り組みを調べ、子どもに関する活動に取り組む方々を招いた勉強会等、調査研究を行ってきた。2011、2012年度の研究においては、公的な取り組みの遅れを民間の活動が補ってきたことや子どもの生育における家庭の重要性が明らかになった。本稿はこれまでの成果を踏まえ、2013年度の調査研究をまとめたものである。

　2013年度の研究は、対象地域を沖縄大学の立地する那覇市寄宮地域（寄宮中学校区）に限定し、「寄宮地域と子どもたち」をテーマに小中学生対象のアンケート調査を行った。このアンケートは、2011年に沖縄市で行われた「平成23年度沖縄市こどもの実態把握調査」の質問項目を寄宮地域用に準用したもので、子どもたちの声を幅広く聴くため記述回答を多くした。併せて、寄宮地域と学校の歴史、寄宮地域におけるこれまでの子どもへの取り組みも調べた。

　今回の調査の目的は、寄宮地域の子どもに関するこれまでの取り組みを確認し、寄宮地域を「子ども」というテーマで捉え直すことである。そして、地域と子どもたちの実態と課題、展望を明らかにすることである。

Ⅱ．これまでの調査と本稿の内容

　寄宮地域の子どもたちをテーマとしたこれまでの研究報告は、寄宮中

学校が文部科学省等の指定を受けて取り組んだ1987〜1988年と1998〜2000年の２つがある。今回の調査はその後の寄宮地域の子どもたちの実態を調べたものであり、一方で、沖縄大学が寄宮地域の子どもたちをテーマとする初めての調査研究でもある。

　１章（横山正見執筆）では、研究の概要を紹介する。２章（嘉数睦執筆）では寄宮地域の歴史を振り返り、収容所生活や移住生活、戦後復興において地域の人々が教育機関を大切にしてきたことを明らかにする。近年においても、自治会が子育てに積極的に関わるなど、「地域の子は地域で育てる」意識が根付いていることを確認した。

　３章（嘉数千賀子執筆）では、寄宮地域の子ども会や「放課後子ども教室」の状況を確認した。そして、文部省等の指定を受け寄宮中学校で取り組まれた過去２回の活動を振り返り、その中で出された４つの提言が今後の子どもたちへの取り組みや、地域づくりにおいて重要であることを明らかにした。

　４章（横山正見・石川幸代執筆）では、寄宮中学校で行ったアンケート結果を紹介し、世帯の状況や、子どもの生活が「家庭」と「学校」に偏り「地域」との関わりが少ないことを確認した。また、「１人前として認められたい」という子どもたちの本音も明らかにした。

　５章（加藤彰彦執筆）では、寄宮地域の子どもたちの「食事」「遊び」「家庭状況」が決して豊かでないことを指摘する。そして、教育機関と地域の連携を目指す「学園都市構想」の再評価など地域資源の再発見と、子どもが地域で活躍できる取り組みが今後の展望として示された。

Ⅲ．アンケート調査の対象者と対象地域

　アンケート調査の対象は、那覇市立寄宮中学校１〜３年全生徒611人（回収576人、回収率94.3％）、那覇市立上間小学校４年生全児童114人（回収107人、回収率93.9％）である。調査期間は、2013年10月〜12月にアンケートの配布と回収、2013年１月に集計と分析を行った。

　本稿では、中学生へのアンケートを中心に取り上げた。その理由は、中学生世代（思春期）の子どもたちは、社会の矛盾を敏感に受け止め様々

なニーズを持っており、この世代にスポットをあてることが寄宮地域を捉え直す上で重要であると考えたからである。

　また、本稿でいう寄宮地域とは、那覇市立寄宮中学校の校区のことを指し、那覇市与儀、国場、識名、長田、三原、寄宮の１部もしくは全部地域である。

　この地域には、幼稚園３園（真和志幼稚園、上間幼稚園、与儀幼稚園）、小学校３校（真和志小学校、上間小学校、与儀小学校）、中学校２校（寄宮中学校、私立沖縄尚学中学校）、高等学校１校（私立沖縄尚学高校）、大学・短期大学３校（沖縄県立看護大学、沖縄大学、沖縄女子短期大学）、総合病院２院（沖縄赤十字病院、那覇セントラル病院）、市役所支所、消防署、保健所、警察署が立地する。

　また、校区のすぐ脇には、沖縄県における肢体不自由児・者の福祉・教育の中心を担ってきた、医療型障害児入所施設（沖縄南部療育医療センター　旧沖縄整肢療護園）、特別支援学校（県立那覇特別支援学校）がある。（地図参照）

（2014年１月現在）

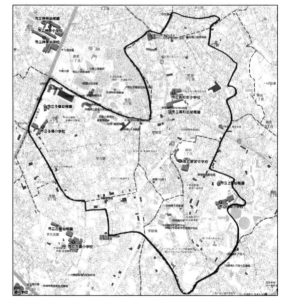

寄宮中学校の校区（実線内）

出典：「那覇地区③『こども110番の家』マップ」（2012）

第2節　那覇市立寄宮中学校開校に至る寄宮地域（校区）の歴史・概要

嘉数　睦

Ⅰ．はじめに

　那覇市立寄宮中学校の沿革は、1954年6月「真和志教育区立寄宮中学校新設認可」から始まる。

　寄宮中学校は、真和志中学校の分離校として1955年4月、戦後2校目の中学校として開校した。開校に至る地域の状況について、同時期に編集された『真和志市誌』[1]に、次のような記述がある。

　「真和志市の学童生徒が人口の膨張を伴って、ここ数年来から年々増加の一途を辿り、1954年度の真和志中学校の在籍が、2,667名となり、38教室には、とうてい収容しきれぬ状態となったので、今1校独立中学校の新設が要望されてきた。」

　その新設校が寄宮中学校である。戦後、収容所での学校再建と慰霊塔建設を優先した真和志村は市となり、やがて那覇市と合併し、戦後の真和志村史は11年間で終わることになる。特異な時期であったが学校開設などから地域の姿を見つけ出したい。

Ⅱ．真和志村における戦後の学校再建

　戦時中、戦火が迫るなか、真和志村住民は、県外と大宜味村への疎開、そして村に残る住民に分かれたという。終戦後、疎開した住民以外は、捕虜として各地の収容所に集められた後、1946年1月に摩文仁村米須及び糸洲の収容所に移動となった。

　移動指令から5日後、収容所にて金城和信氏が真和志村長に任命された。金城村長は1週間後、米須収容所内で元教員（訓導、助教諭25名）を招集し、児童数774名の真和志初等学校を開校させた。

10日後には、464名（職員16名）の付属幼稚園を開校させ、さらに２里以上離れた糸満高校へ通学する生徒のために糸満高等校真和志分校を設置させた。また、摩文仁村糸洲の収容所においても、真和志第２初等学校、第２幼稚園を開校するなど、この年に小学校４校と幼稚園２園及び、高校の分校２校が収容所にて開校された。開校時の校舎はテント小屋である。

　１年後には、茅葺き校舎となるものの、台風により度々倒壊したという。真和志村民はその都度、資金を集め、自ら労力を提供し台風により倒壊の校舎を復旧させた。

　『真和志誌』の「真和志初等学校の沿革」に次のような記載がある[2]。

　　「1947年７月21日　後援会役員会を開催。校舎建築工事につき左記の通り協議決定。
　　１．国頭へ資材運搬に行く労務者を各字から出すこと。２．資材と交換すべく芋を各字から供出すること。３．資材が揃ったら各字１棟宛建設すること。４．工事雑費として、人口割り（１人４円）に寄付金を出すこと、寄付の総額15,000円。」

　その後、校舎建築費７棟分が、翌年３月民政府工務部より出たため、工事に関係した部落に払渡したという。厳しい収容所生活の中でも、学校再建を優先した村民の格別の思いと地域住民の一致団結の様子が伺える。しかし、「従来純農村であった真和志村が自然発生的に都市的形態を帯びるようになり」「人口も又従来の２万人から激増し僅か４、５年にして今日６万人以上を算するようになり地域的に膨張する傾向に至った。」（前掲書６頁）など、戦後、地域の様子が一変する中、米軍施政権下での学校教育を新たに体験することになる。

　さて、学校再建の他、今日に残る慰霊塔を真っ先に建設した真和志村民の業績は、今も語り伝えられている。摩文仁村にて学校開設と平行して住民による遺骨収集が行われた。

　1946年２月、県内初の慰霊塔「魂魄の塔」を設置し、戦没者合同慰霊祭を執り行ったのである。特に真和志村民は、この地で最期を迎えた学

徒隊の慰霊に格別の思いがあった。
　戦前、真和志村内には、「二中をはじめとして女師校・一高女・開南の四中学校があり、屈指の教育市と目されてきた。」（前掲書364頁）「真和志村民にとって、学徒隊の終焉地、摩文仁村米須に仮住居を置くことは、何かの因縁であることを感じた。」（前掲書264頁）その思いが慰霊碑になった。
　真和志村民には、この地で最後を迎えた学徒隊の慰霊に格別の思いがあった。村民は浄財を集め1946年４月、「姫百合の塔」「健児の塔」を建設し、慰霊祭を執り行った。その後、村民は摩文仁村を離れ、地元に戻ることになる。そして、1953年、真和志市となり、1957年、那覇市との合併により真和志市の名称はなくなった。
　戦後の真和志地区の主な出来事、推移は次の通りである（前掲書267-269頁より作成）。

1946年２月　真和志初等学校・幼稚園、第２初等学校・幼稚園、糸満高校真和志分校設置
　　　　　　魂魄の塔建設
　　　４月　「姫百合の塔」「健児の塔」を建設
　　　５月　第２初等学校、幼稚園は真和志楚辺初等学校、楚辺幼稚園、安里初等学校に改称開校
　　　　　　真和志村、摩文仁村収容所より豊見城村嘉数へ移動完了
　　　７月　首里高校分校設置
　　　８月　国場区、仲井間区移動開始。真和志婦人会設立
　　　12月　豊見城村嘉数にて安里初等学校から分離し、大道初等学校開校（1947年大道に移転、1957年松川小に分離）
1947年１月　１部区域を除き村内移動許可となる（11月末村民12,641人）
　　　３月　真和志初等学校４年生テント教室で不発弾爆発事故
　　　　　　役所が現在地移動を許可
　　　４月　大道幼稚園開園。真和志青年会発会
1948年４月　６・３・３制実施。
　　　　　　真和志初等学校（８年制から真和志小学校、真和志中学校）となる

	真和志中学校開校（校舎がなく各小学校で6月まで分散）
	この頃、寄宮が国場、与儀から分字独立（正式には1980年正式に分字）
1949年1月	三原区、平野区、松原区新設（村民20,752人）
1950年1月	真和志村役場の完成
1951年7月	安里区と松原区、9月15日までに立ち退くよう、軍より命令される
1952年4月	「琉球教育法」にて初等学校より小学校に校名変更（村民45,000人突破）
1953年10月	真和志市に昇格
4月	安謝中学校開校（真和志中学校校区北部の4地域が分離）（1954年村民53,773人）
1955年4月	寄宮中学校開校（真和志小、楚辺小校区対象で真和志中学校分離）
1956年11月	戦後初の私立沖縄高等学校開校（1983年沖縄尚学高等学校に改称）
1957年12月	真和志市、那覇市と合併

Ⅲ．寄宮中学校の開校について

　1948年開校した真和志中学校は、真和志村全域を校区としており、4キロ以上離れて通学する安謝、銘苅地区を対象に1953年、安謝中学校（1962年、安岡中学校に改称）を安謝小学校内に分離開校している。通学困難を理由として300名が安謝中学校に移動したが、翌年の真和志中学校の在籍者数は2,667名（38学級）となる。戦後生まれの世代が中学校入学を迎えていたのである。
　真和志市教育委員会では、1954年4月に数回にわたる委員会を開催している。寄宮中学校を寄宮地区1班の洗田原の高台を整地し設立することに決定し、同年6月15日に寄宮中学校新設を中央教育委員会に申請し、同月26日付けで認可される。直ちに、工事建築に着工し、12月には竣工。校舎はブロック2階建て2棟14教室が完成した。続いて、翌年（1955年）

2月18日、14教室が完成し、校長富原守模、教頭阿波連宗正、教員男性18名、教員女性15名で同年4月1日の開校となる。
　開校について次のように記されている。

　「開校時の在籍は、1年402名、2年454名、3年592名、合計1,257名25学級で、新入生以外は、真和志中学校からの分離入学生であった。校区は、真和志小学校及び楚辺小学校区域の18区で真和志小学校区域は、繁多川、真地、上間、仲井真、国場、寄宮、大原、三原の一部。楚辺小学校区域は楚辺、樋川、古波蔵、与儀、壺川、松尾、二中前、平野、宮城。」（前掲書402-403頁）

　寄宮中学校は、校区が広いため分離校を要し、新設から7年後（1962年）、与儀中学校から校名変更した神原中学校へ185名、翌年には壺川中学校から校名変更した古蔵中学校に460名の生徒が移動している。さらに1965年、後に石田中になる識名中学校に分離、1985年には、仲井真中学校の開校で真地、上間、仲井真、国場の一部が移動することになる。寄宮中学校は開校から4校に分離し校区は、大きく変わってきたことになる。
　また、校名について『寄宮中学校50周年記念誌』（2005）に「寄宮中学校開校のころとその後」と題して次のような記載がある[3]。

　「学校の呼称について問題が起こった。地元の有志の方々は、地名を大切にする意味で寄宮（よせみや）を主張し、先生方は寄せ集めではなく、心から寄り集まって作る学校という意味から寄宮（よりみや）がいいのではと互いにゆずらなかった。そこで双方の代表者の話し合いがもたれ、長い討議の末に宮里孝助先生が『寄（ゆ）しらりやあらん心から寄（ゆ）りて今宵やうち揃て語る嬉しさや』と琉歌を朗詠なさると、一座の雰囲気も和み『うん、それがいい』と賛同の声が多く上がり、めでたく寄宮（よりみや）と呼ぶことに決まった。」

　「寄宮」の地名について『国場誌』[4]には、「1948年、寄宮が国場の寄増原（ユシマス原）、与儀の宮城原の頭文字をとって、分字独立する。昭和

55年に正式分字」(『国場誌』430頁)と記載されている。なお、その間の寄宮地域活動については記されていない。

Ⅳ．上間地区について

『上間誌』[5]には、「石田中学校開校」、「上間小学校開校」の記述がある。上間区域は高台に位置した地理的条件から真和志間切(後に真和志村となる)上間番所が置かれていた。1879年廃藩置県後、その跡地に真和志小学校が設立されている。

戦後、上間地域の児童生徒は真和志小学校、真和志中学校に通学していた。人口の増加に伴い真和志中学校が寄宮中学校に分離し、さらに1965年石田中学校が寄宮中学校から分離開校となり、上間地域は3度の中学校の校区変更を体験した。

また、1977年上間小学校の開校により、小学校の通学域も真和志小学校、識名小学校に3度変更となっている。上間地域は通学路の確保に力を注いだ記録も見られる。上間自治会は、「識名小学校の分離校新設に際して、9年間凍結されていた那覇市の寄宮地区区画整理事業対象の長田地区への設置と校名に上間をつけることに積極的であった。」[6]とある。地域がひとつになる願いは特に上間地域に強く、校名に地域の名を込めた上間小学校が開校し、現在に至る。

Ⅴ．学園都市構想

『国場誌』の221～226頁に「第3章 教育文化」として「6学園都市」の項目がある。この項目には、国場地域にある私立校4校の沿革及び国場地域との連携協力について寄稿の形で掲載されている。

寄稿した学校は「沖縄大学」「沖縄尚学高等学校・中学校」「沖縄女子短期大学」「沖縄女子短期大学附属高等学校」である。この4校は、校名改称等があり、開校時と異なるが、国場出身の嘉数昇、律子夫妻により戦後初の私立高等学校、大学、女子高等教育機関として創立された学校であり、その所在地は国場である。

学校の他、「地域参加型の児童育成の要素を多く持っている。」として「国場児童館」を加え、国場地域を「学園都市」と紹介している。

1999年、寄宮中学校区で取り組まれた文科省指定の道徳実践活動地区のフォーラムにて、幼稚園から大学まである同区を「学園都市」と表現し、教育機関と地域が連携した地域作りを提言した。大学の所在地である国場地域には、その提言にある「学園都市」の意識があったとも思える。

Ⅵ．国場自治会と幼児園

『国場誌』216〜218頁には「五、国場幼児園のあゆみ」として、「国場自治会青年会立国場幼児園」で開始した国場幼児園の経緯が記されている。

国場自治会青年会は、1951年当初同年代対象の講習会を開催していたが、「同年代の人達の教育は難しい事を実感。次の時代を担う子どもたちを育てようと幼児園の設立を計画した。」青年会は、「早朝作業で費用を作り、国場青年会立国場幼児園を開園した。その後、自治会立として40年余、1,402名の園児を送り出している。」

小学校附属幼稚園設置に始まり、小学校内設置において現在に至るまで、幼児園開園の中心として関わった玉城幸治氏は「小学校、中学校に入ると国場でも校区が分散される。だから幼児園は、国場人としての共同体意識を共有できた原点であるといっても過言ではないだろう。そこで育てられた地域共同体意識というものが自治会を支える大きなバックボーンとなっていると私は信じている。」（前掲書217頁）と述べている。

国場自治会立幼児園は2001年に閉園となる。幼児教育の意義が「地域共同体意識の育成」という視点はその後、どのように引き継がれたのか、追跡したいところである。

Ⅶ．子ども・若者が輝く地域づくりについて

『平成24年度那覇市の教育』（2013）に「地域と連携して青少年の健全

育成を図る」重点課題の取り組みの柱、方針として、「4　地域におけるさまざまな団体と連携し、青少年を育むための機会や環境づくり、体験活動の場、情報の提供・充実に努める。」「公民館などの社会　教育機関、ＮＰＯなどの市民団体との連携、地域の人材を活かした青少年対象の学習プログラムの企画・実践で、地域づくり活動の充実をはかると共に、多世代、多様な人々との交流から得られる社会性の習得を目指す。那覇市青少年健全育成市民会議と連携し、青少年旗頭事業や若者の人材育成事業に取り組んでいく。」(『平成24年度那覇市の教育』79頁) と掲げている。青少年の育成のキーワードは、地域との連携である。

　学校教育と地域での社会教育への移行を子どもたちに見えるようにすることが課題と考える。

　また、2006年5月に、沖縄県社会教育委員の会議が、『「地域の子は地域で育てる」ための具体的な施策の推進を図る～子ども・若者が輝く地域づくりを中心に』という提言書を出した[7]。その13頁から19頁に「地域教育力再生プラン」の他「ゆいまーる居場所づくりプラン」があり、目指す項目に「④地域社会の学習資源を総合的に統合し青少年が参画し、協働できるネットワークの構築」がある。特に、その推進を強調し「ゆいまーる連絡協議会」の設置を提言している。

　これらの提言は、前掲の寄宮中校区における道徳実践活動地区フォーラムでの提言と共通すると考える。「学園都市をめざす地域」について、「多世代、多様な人々との交流と学び場の地域」の視点で再検討し、地域の大学をはじめとした教育機関の連携、特に大学生による地域づくりとして、具体的な提案ができないだろうかと考える。

第3節　那覇市および寄宮地域における
　　　　子どもたちへの取り組み　　　　　　　嘉数千賀子

Ⅰ.「那覇市子ども会」について

　那覇市子ども会育成連絡協議会（以下、市子連）は、1978年に結成され、現在も那覇市泉崎の開南小学校内の事務局が中心となって活動を行っている。

　活動内容は、地域クリーン作戦などのボランティア活動、インターンシップなどの職場体験、児童館での遊びやキャンプ、太鼓やエイサーでの各種まつりへの参加である。また、ジュニアリーダーの養成活動としてジュニアリーダークラブを組織し、県内外において交流や研修活動などを行っている。

　現在の会員数は約2,500名であり、ジュニアリーダーは15名が活動している。活動費は那覇市教育委員会青少年育成課からの補助金を受けている。会則には「教育隣組をもって単位子ども会を構成していく」という教育的活動が目的とされているが、現在、教育隣組はほとんど存在していない。「市子連」に加入している団体数・子ども数も現在は横ばいの状況であり、その名称や活動もあまり知られてはいない。地域での子どもの活動も同様である。

　この章では那覇市の子ども会の変遷、寄宮地域での子どもに関わる活動、寄宮中学校区で取り組まれた活動をみていく。

Ⅱ. 那覇市子ども会の変遷――記念誌より

　2014年で、38年を迎える子ども会の活動内容や活動目的も時代とともに少しずつ変化しており、その変遷を「那覇市子ども会」の5、10、20、30周年の各記念誌から確認する。

　まず、1983年の5周年には、加入団体は52団体、2,078名の加入者があった。そして、「市子連」の活動組織として那覇JL（ジュニアリーダー）

が中・高校生を中心に組織された。結成当初、子どもたちを取り巻く生活環境の著しい変化が懸念され、子どもたちの健全育成に向けての「家庭・学校・地域社会」の役割を明確にし、地域を繋げる活動の場として「子ども会」が組織されていった。

「子ども会活動をしている子ども達に非行少年、少女は居ません。どうか育成者の皆様、これからの那覇市、沖縄県を背負って立つ青少年のために子ども会育成に頑張ろうではありませんか」（那覇市子連　宮里）（『那覇市子ども会5周年記念誌』8頁）

趣旨においても子どもたちの人格形成と生活態度、地域と共に次世代育成に取り組むことが明記されている。

10周年（1988年）になると、青少年の深夜徘徊が社会問題となっており、健全育成を目的とした教育的役割として「子ども会」が位置づけられている。しかし同時に「都市化する中、子どもが社会で生きていく人間として育っていくために、豊かな心、心の通じ合う地域づくり、子ども会を育てることは、地域に心の豊かさを取り戻すことであり、人間らしさを回復すること」（那覇市教育委員会教育長　山田義良）（『那覇市子ども会10周年記念誌』18頁）とあるように「地域づくり」の考えも見られるようになる。

さらに生活習慣の確立のための活動も活発に行われ、「子どもの生活技術調査」というユニークな実技テストを実施している。

実施内容は、「肥後守で鉛筆を削る」「ノコギリで板を切る」「ボタンをかける」「箸を使う」「生卵を割る」等であり、小学校1年生から6年生まで241名を対象に行った。

20周年では、「子ども1人1人が自己を主張し、その存在する意義と喜びを見いだすことができるように考え行動し支える人達を育てることにあり、その場つくりを提供すること」（那覇市子ども会育成連絡協議会会長　山根春代）（『創立20周年記念誌』12頁）とある。健全育成の場とともに、人間や自然とつきあう直接体験の場としての役割も考えられるようになり、目的も多様化している。

30周年（2007年）には、70の単位子ども会が組織されているが、単位子ども会の活動より、ジュニアリーダーを中心とした活動となっている。

記念誌では、「那覇市の子ども会を語ろう」をテーマに座談会を開催している。子ども会の活動が減っている現状を踏まえ、「少子化、ＩＴ社会、部活、塾、保護者の意識変化」という課題が挙げられた。社会が多様化している中、次世代を担う子どもを育成する場として地域の役割を再確認している。

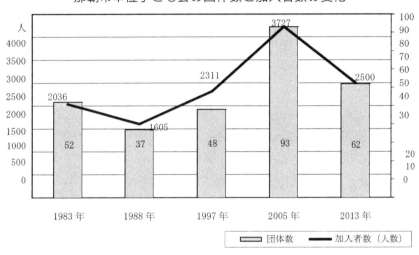

那覇市単位子ども会の団体数と加入者数の変化

出典：『那覇市子ども会５周年記念誌』『同10年記念誌』『同20周年記念誌』『同30周年記念誌』

Ⅲ．寄宮地域における放課後子ども教室

「放課後子ども教室」は「放課後子どもプラン」の１事業として行われ、学校の施設を開放し、放課後の子どもたちの居場所として地域の指導者や保護者が中心に取り組まれている。子ども会を単位として開始された教室もあり、那覇市では小学校、公民館、児童館、自治会にて40カ所、100以上の教室が開催されている。

この「放課後子ども教室」は、寄宮地域においては真和志小学校が盛んである。余裕教室を利用し、「にこにこルーム」という専用の部屋を設け、地域の民生・児童委員の方々による週４回の踊りや手芸の指導や、体育館でのキンボール指導が行われている。

子どもたちは授業が終わると「にこにこルーム」に来て宿題や活動を行う。同じ小学校内の幼稚園の空き教室には学童もあり、学童に通いながら「放課後子ども教室」に来て活動する児童もいる。学童、塾、スポーツ教室にも行っておらず、親が仕事で日中家にいない児童にとっては「放課後子ども教室」が放課後の大切な居場所になっている。また、子どもや保護者が地域と関わりが持てる唯一の場所となっているケースもある。

　その他、上間小学校ではエイサーや太鼓の教室を、与儀小学校では保護者の協力で夜間に体育館でエイサーが行われている。

　核家族化や共働き世帯が増加する中、「放課後子ども教室」は、塾やスポーツ教室以外の放課後の子どもの居場所として機能し、地域と関わり合える場になっている。

真和志小学校放課後子ども教室の取り組み

Ⅳ. 上間子ども会の取り組み

　上間地域は、学校内での子ども会や、地域や自治会などによる子ども会などが存在し、活動内容もそれぞれである。「市子連」に加入していない子ども会や、地区によっては子ども会が存在しなかったり、子ども会としての活動が休止している所もある。

　上間子ども会は上間自治会により1981年に発足している。小学校1〜6年生を中心に活動し、活動内容は、夏休みの朝のラジオ体操、自治会行事への参加、上間小学校PTA活動への参加などで、地域の子どもたちの安全にも関心が高い。

　朝の立哨（交通指導）にも早くから取り組み、行政へ危険場所へのフェンス設置を要望し実現させている。また、リサイクル、環境整備を目的に空き瓶やアルミ缶を回収し、活動資金としたこともある。定例会を開

き、意見を出し合い、クリスマスパーティーや新入生、卒業生の歓送迎会、映写会も開催した。

　1994年からは公民館前広場でもちつき大会を開催している。上間小学校長も参加し正月を地域の皆で祝うなど、健全育成にも取り組んでいる。発足した年には学事奨励会に代わるものとして「子ども会まつり」も開催していた。

　しかし、活動の中心となる方がいなくなり、現在は休止状況である。朝のラジオ体操等は自治会が中心となって行っているが、かつてのような活動は行っていない。

　このような状況は上間子ども会だけでなく、都市部の地域と子どもを考える際の課題として共通するものである。

Ⅴ．寄宮中学校の取り組み①

1987、1988年の研究実践（「学校教育目標の達成をめざした生徒指導のありかた」）

　寄宮中校では1987年度、1988年度（昭和62年度、63年度）に文部省指定生徒指導総合推進校、沖縄県教育委員会指定・那覇市立教育研究所研究協力校として、「学校教育目標の達成をめざした生徒指導のありかた」というテーマで研究を行っている。副題は「自ら考え、進んで実践する生徒の育成」であり、教科指導、道徳指導、学級会活動、地域活動、生徒指導の部会に分かれてそれぞれの研究・実践を行っている。

　自ら考え、進んで実践する生徒の育成に向けて地域活動を学校主体となって取り組み、中学校において小学校と合同で教育隣組を結成している。

　研究資料『学校教育目標の達成をめざした生徒指導のありかた』(1989)によると真和志小学校区の子ども会は23、与儀小学校区では16、上間小学校区では7つ結成されている。その子ども会を中心に環境クリーン作戦を実践したり、学習生活をより良くする為のアンケートも実施している。

　「家庭学習」に関して子どもたちに「やる気」が起こるときや起こらないとき、学習時間、学習塾に行っているかを調査し、調査を「学力向上対策」に繋げ、地域教育懇談会において父母との話し合いを持っている。

家庭学習の不足を補うために問題集を作成したり、夏休みにはエアコンを完備した教室を開放し教師が教科指導を行うなどしている。このような取り組みから生徒会も徐々に変化し「生活実態アンケート」を全校生徒に実施するなど、「自分たちがいま何をしなければならないのか」自ら考え、進んで実践するという目標が実現しつつあったようである。

Ⅵ. 寄宮中学校の取り組み②

1998～2000年の研究実践(「道徳的実践活動地区〔ハートフル地区〕」の指定)

　寄宮中学校区では、1998～2000年度(平成10～12年度)の3年間にわたって文部省と那覇市教育委員会から、道徳的実践活動地区(ハートフル地区)の指定を受け、研究実践を行っている。寄宮中学校区にある真和志幼稚園、真和志小学校、寄宮中学校、そして学校道徳推進委員会を立ち上げ、共通主題を「豊かな心でたくましく生きる力の育成」とし、学校、家庭、地域の連携のもとに豊かな体験活動を通して道徳性の育成を図ることを目的とした。

　これは当時発生した社会的重大な事件を背景に、豊かな人間性の喪失が体験の喪失、地域社会の変容から生じているという危惧から取り組まれたものである。「豊かな心」や「生きる力」を学校、家庭、地域での体験により育成することをねらいとした。

　「道徳的実践活動を中核とした事業の推進により、幼児児童生徒に心豊かにたくましく生きる力を育成する」「幼児児童生徒、地域社会との交流を積極的に図ることにより、豊かな社会性や共によりよく生きていこうとする態度を育成する」(『平成10、11、12年度文部省指定道徳的実践活動地区〔ハートフル地区〕推進研究報告書』1-2頁)と研究目標を掲げている。

　この研究報告書によると、1年目には、研究体制の確立、研究計画、実践活動の決定を行い、「学校道徳推進委員会」を設置している。2年目には各学校や幼小中連携による道徳的実践活動を展開した。そして、3年目には、研究のまとめと発表会を開催した。

それぞれの実践の中で、特に注目するのは「学校道徳推進委員会」の研究実践である。学校道徳推進委員会による研究副題は「子どもたちに豊かなふるさとを」であり、その役割は、ハートフル地区の道徳的実践活動および地域の活性化のための提言・支援である。

　実践項目は、①ハートフル地区の学校への支援、②地域の活性化のための提言及び支援、③各種関連機関との連携の促進、である。

　実践の具体的内容として、①ハートフル地区の幼・小・中の道徳的実践活動の支援、②ハートフル地区の学習支援ボランティアの会の設置支援、③地域づくりフォーラムの実施による活性化への提言、④クリーン・グリーン活動の実施、⑤まつり実施による地域活性化を揚げている。寄宮中学校区が、21世紀の主人公である子どもたちにとって、より豊かですみよい地域となり、より望ましい成長を促すことができるような「豊かなふるさとづくり」をめざし地域づくりに取り組んだ。

　学校道徳推進委員会は、1999年7月3日に実践項目の1つである「地域づくりフォーラム」を真和志農協本所の大ホールにて開催している。

　「子どもたちに豊かなふるさとを」のテーマのもと、幼小中の保護者、子供会関係者、教育関係者、青年会、婦人会、老人会、通り会などを参加対象者とし、保護者や青年、壮年の代表、教員、行政の代表、子ども会や生徒代表が発表を行い、300名もの参加者があった。フォーラムでは地域づくりへの次の提言がなされている。

提案1．クリーンな地域（まち）
　　　　ノーポイでクリーンなまちに
　　　　ゴミの分別と収集日を守るクリーンなまちに
提案2．ハートフルな地域（まち）
　　　　青少年に愛の一声でハートフルなまちに
　　　　親子読書でハートフルなまちに
　　　　花とふれあい広場のあるハートフルなまちに
提案3．ボランティアネットワークのある地域（まち）
　　　　子ども達の学習支援のために地域行事、子ども会等の支援・活性化のために

提案4．学園都市文化都市をめざす地域（まち）
　　　　保・幼・小・中・高・大学、地域の連携による特色ある文化都市の創造

　この提言の実現に向けて学校道徳推進委員会はその後さまざまな実践を行っている。その1つとして、提言3で掲げた地域行事、「寄宮まつり」を2000年11月に開催している。

Ⅶ．「寄宮まつり」の取り組み

　当時、学校道徳推進委員会の副委員長であり、「寄宮まつり」の実行委員長を務めた島袋恵子さんに話を伺うことができた。
　寄宮中学校区は戦後の急激な人口増加に伴って拡大した比較的新しい地域であり、地域の中心となる自治会も存在しなかったという。島袋さんも他地域から寄宮へ移り、自身のふるさとは他地域にあるが、寄宮地域で育った子どもは、今住んでいる寄宮地区がふるさとであり、「今の環境で大人の私たちに何ができるかを考え実行していかなければならない」という思いを強く持っていた。
　当時、那覇市教育委員会から発行された『ハートフル広報』（1998）に島袋さんの熱い思いが寄せられている。
　「まず地域の子どもから大先輩の方まで一同にし、共に地域の街づくりを考えていく機会として、街づくりフォーラムを実施し、地域子供運動会や、盆踊り大会等を地域・中学校・近郊の大学それらを網羅して、地域行事として拡大できたら、この子どもらのふるさとは今まで育ってきたこの地域であり、この取り組みがふるさと作りのきっかけになればという思いも過言ではないと思います。」
　フォーラムに参加し、提言を行い実践した人々は「ふるさと寄宮づくり」を目指し、その思いは、「寄宮まつり」から「真和志まつり」に受け継がれ14年あまりも続いてきた。
　毎年、寄宮地区で開催されている「真和志まつり」は、第6回目までは寄宮まつり実行委員会によって実施されていた。

実行委員長を島袋さんとし、実行委員には、学校関係者、青年会、婦人会、青少協等、地域の人々30名が集まり取り組んでいる。共催には寄宮十字路通り会、真和志まちづくり委員会、寄宮中学校区道徳推進委員会が入り、地域に関わる様々な関係者の「豊かなふるさとづくり」が行われていた。寄宮地区に暮らすさまざまな人々が寄り集まり、思いを一つにして自分たちのふるさとづくりを行っていったのである。

　「寄宮まつり」以外のフォーラムの提言について、提言１．「クリーンなまちの実現」は、1999年11月に「クリーングリーン大作戦」と称し、寄宮十字路周辺のごみ拾いとプランターの苗植えを実施している。病院や銀行、商店の支援を受け、60名あまりの参加者があった。提言３．「ボランティアネットワークのあるまち」については学習支援ボランティアを募り、小中学校で地域の方による読み聞かせや、裁縫、三線、スポーツ（ストレッチ）が行われた。

　フォーラムの提言から様々な活動が行われたのである。

Ⅷ. 学園都市文化都市構想についてのインタビュー

　提言から様々な活動が実現したのだが、提言４．「学園都市文化都市をめざす地域（まち）」については具体的に実現されていない。当時、ハートフル研究推進を指定する那覇市教育委員会の担当指導主事であった盛島明秀さんに話を伺った。

　「文部省からの地域指定を受けて、この地域の強みを生かして何かやっていきたいという思いがあり、その中からまつりや、街を美しく、緑をふやしたいという声がでてきた。

　まつりもクリーンなまちも、読み聞かせボランティアも実現できたが、学園都市構想だけは形として見えてこなかった。沖大にも足を運び、話合いを持ったが当時の大学は強い思いがあまりなく、具体的に動き出すことがなかった。継続性・具体性がなかった。

　こういうことをやって、こういうことを達成しよう、ということがなかったことが実現しなかった１つの要因と考えられる。」

　「寄宮から１番近い沖大との連携には強い思いがあったので残念だった。

しかし、今ならできると思う。中学3年生が大学の講義を聞いたり、中学校の学校行事に学生が参加するなど、もっと大学が身近になるようなことができるのではないだろうか。今なら十分可能性があると思う。」と語ってくれた。

学校道徳推進委員会副委員長の島袋恵子さんも「ハートフル地区として指定を受け、学校を中心にスタートしたが、地域でフォーラムを実施し、地域の活動として継続してきたことが今につながっている。まつりも読み聞かせも放課後子ども教室のようなボランティアもフォーラムに参加した方々、まつり実行委員や通り会の人々がそのまま引き継いでいる。」

「ハートフル地区の研究を通したフォーラムがなければ今の姿はできていなかった。学校だけでなく、地域で委員会をつくったことが繋がっている。自分もバトンを渡す人を見つけておけば良かった。」と語ってくれた。

「寄宮まつり」が実現し地域づくりが進んだことと中心的コーディネーターとしての役割を引き継げなかったとの思いを持っている。

島袋さんに、学園都市構想の実現に向けて大学に求めるものを伺った。

「中学生は本来なら大学生と気持ちが近い。年齢も近い。機会があれば、何か形があれば繋がりができる。そのためにはしかけが必要。何をどんなふうにしかけるか、地域でのイベント、大学生のイベントに寄宮中の子どもを巻き込むようなものが必要。楽しくないと、続かない。」

「部活の支援でもいい。スポーツだけでなく、文化面も。授業に支援できたらいい。部活に入っていない子どもたちこそ支援が必要。きっかけがないといけない。自分もまだまだやりたいことがある。今、やっと仕事（那覇市育英会）を退任したので、中学生と何かやりたいと考えている。」と語って下さった。

これまでに寄宮地域で行われた取り組みを確認し、フォーラムの提言が大きな役割を果たしたことが分かった。しかし、学園都市構想については課題として残っていることも確認することができた。これまでの取り組みや島袋さん、盛島さんのお話は今後の地域づくりにおいて重要な意味を持つものである。

第4節　寄宮地域の子どもたちの実態把握調査アンケート

横山正見・石川幸代

Ⅰ．調査の対象と質問内容

　以下の表が、寄宮中学校でのアンケートの質問項目である。問1～5は選択式、問6～15は記述式である。記述式の回答については、記述内容によって項目別に集計した。この章ではアンケートの回答結果を中心に寄宮地域の子どもたちの状況を考察する。

質問項目	質問の意図
問1　学校と学年、性別を教えてください	子どもの属性、所属の把握
問2　誰と一緒に住んでいますか 　　　家族みんなで何人ですか（自分もあわせて）	子どもたちの家庭状況の把握
問3　夕ごはんは誰と食べることが多いですか	子どもたちの食生活の把握
問4　朝ごはんは食べていますか	
問5　学校が終わったら何をすることが多いですか	放課後の生活の把握
問6　ほっとできて安心できるところはありますか	子どもたちの居場所の把握
問7　何でもいいから、これが得意だなって思えることがありますか	子どもたちの自己肯定感の把握
問8　自分のことを大切に思ってくれる人がいますか	子どもたちの人間関係、大人との付き合いの把握
問9　好きなおとながまわりにいますか	
問10　これはおとなに伝えたい！！って思うこと、何でも書いてください	子どもたちの大人への眼差し、大人の様子の把握
問11　那覇市寄宮地区（おうちの近く）は住んでいて、いいところだと思いますか	子どもたちが自分の暮らす地域をどのように捉えているかの把握
問12　どんな那覇市寄宮地区（おうちの近く）になったらいいなあって思いますか	子どもたちが自分の暮らす地域の未来をどのように捉えているかの把握
問13　学校で好きなことしていいよって言われたら、何をしたいですか	子どものたちの学校での生活や欲求の把握
問14　休みの日に、やりたいことができるとしたら、何をしたいですか	子どもたちが本当にやりたいことの把握
問15　誰かに何かをしてあげたいと思ったこと、ありますか	子どもたちの貢献意欲の把握

Ⅱ. 世帯状況

問2　家族人数　みんなで何人？（自分もあわせて）

	1人	2人	3人	4人	5人	6人	7人	8人	9人	10人以上	無回答	合計
合計	3	26	101	143	159	80	45	11	4	4	2	578
	0.5%	4.5%	17.5%	24.7%	27.5%	13.8%	7.8%	1.9%	0.7%	0.7%	0.3%	

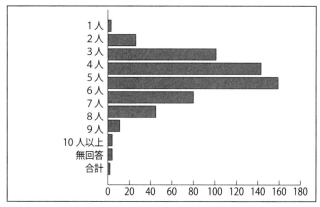

家族構成

	1、父子家庭	2、父子家庭＋祖父母	3、母子家庭	4、母子家庭＋祖父母	5、両親	6、両親＋祖父母	7、祖父母	8、子ども	合計
合計	13	14	106	37	338	58	5	2	573
	2.3%	2.4%	18.5%	6.5%	59.0%	10.1%	0.9%	0.3%	

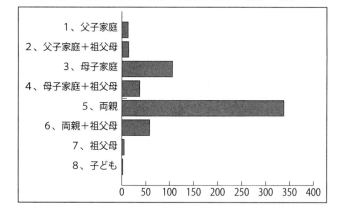

　世帯の人数は5人（27.5%）、4人（24.7%）、3人（17.5%）が多い。家族構成では、両親と子どもの核家族338人（59.0%）、母子家庭106人

(18.5％)、両親と祖父母の三世代家庭58人（10.1％）であった。

母子家庭、父子家庭を合わせたひとり親家庭は119人（20.8％）であり、那覇市（2010）の9.6％[8]、沖縄県（2005）の10.3％[9]の約2倍である。また、ひとり親家庭に父子家庭と祖父母、母子家庭と祖父母を合わせた世帯は、170人（29.7％）となり、30％近くになる。

3～5人の世帯、核家族世帯、ひとり親世帯が多いことが分かる。

以下の奈良間他（2014）の指摘があるように、子どもの実態把握において家族・世帯については基本的事項として押さえるものである。

「子どもをもつ家族の機能は、養育・愛情・社会化がある。生命の維持に必要な衣服・食事・住居を提供し、日々の生活の世話と生活に必要な経済的支援をする。愛情は、家族から子どもにまた子どもから家族にと相互の愛情によって絆を深めたり情緒の安定を得る。この愛情は、家族以外のものでは与えることの出来ない特別なものである。社会化は、社会の一員としての生活習慣や社会性特に家族と社会との関わりを通個人としての役割・責任や社会の仕組みを教えていく。」（『系統看護学講座専門分野Ⅱ小児看護学1』154頁）

Ⅲ．食事の状況

問3　夕ごはん時の家族構成

	1、家族全員	2、夕食時父親がいない	3、夕食時母親がいない	4、子どものみ	5、その他のケース	合計
合計	191	114	34	83	147	569
	33.6%	20.0%	6.0%	14.6%	25.8%	

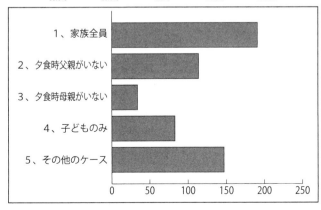

問4　朝ごはんは食べていますか？

	1、だいたい食べている	2、ときどき食べないこともある	3、時間がないから、食べてない	4、食べたくないから、食べてない	5、朝ごはんは準備されてない	6、よくわからない	7、その他	8、無回答	合計
合計	443	68	25	13	1	8	24	0	582
	76.1%	11.7%	4.3%	2.2%	0.2%	1.4%	4.1%	0.0%	

夕食時の家族構成において家族全員が揃う家庭は191人（33.6％）であり、多くの家庭が全員揃わずに食事をしており、日常生活のなかで家族全員が揃う機会はあまり多くないのではないかと考えられる。子どものみで夕食を済ませるケースも83人（14.6％）ある。

朝ごはんは、443人（76.1％）がだいたい食べているが、時々食べない、など食べないことのある子どもは107人（18.4％）であった。食事自体が安定していない子どもや食事を共にするメンバーが安定していない子どもが一定数いると考えられる。

食事は単に"栄養補給の目的"のみではなく、人間関係をつくる基本となる。特に家族で食事することは団欒の場としてまた家族間の関係性づくりに重要であると考える。「子どものみ」「その他のケース」も注目することである。

また、内閣府の調査「食育に関する意識調査」（2013）によると、暮らし向きにゆとりがある世帯ほど、家族で食事をする回数が多く、朝食を毎日摂る傾向がある。一方で、暮らし向きにゆとりがない世帯ほど、家族が揃わずに食事をする傾向や朝食を摂らない傾向があるという。

Ⅳ．生活環境

問5　学校が終わったら、何をしている事が多いですか？

	1、友達と遊ぶ	2、ひとりで遊ぶ	3、部活	4、塾や習いごと	5、家で勉強	6、家でテレビとかゲーム	7、学童に行っている	8、その他	9、無回答	合計
合計	154	51	289	203	148	169	1	37	2	1,054
	14.6%	4.8%	27.4%	19.3%	14%	16%	0.1%	3.5%	0.2%	

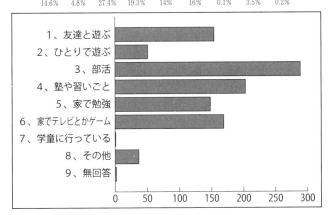

問6　ほっとできて、安心していられるところがありますか？

	1、ある	2、ない	3、よくわからない	4、無回答	合計
合計	399	61	115	0	575
	69.4%	10.6%	20.0%	0.0%	

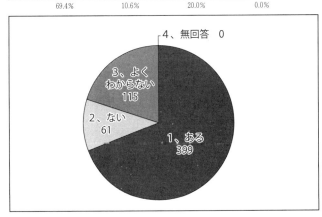

それはどこですか？

1	自宅（自室、風呂、トイレ、布団の中、居間）	343人（70.4%）
2	学校	49人（10.1%）
3	友達の家、友達といる時	28人（5.7%）
4	親戚の家	19人（3.9%）
5	塾、習い事	13人（2.7%）
6	自然	10人（2.1%）
	その他	25人（5.1%）
	合　　計	487人（100.0%）

　放課後の過ごし方（問5）については、「部活」289人（27.4%）、「塾や習いごと」203人（19.3%）、「家でテレビとかゲーム」169人（16%）であった。学校が終わったあと、子どもたちは主に部活、塾・習い事、家で過ごしており、塾・習い事以外に地域で過ごすことが少ないと考えられる。

　また、「ほっとできて安心できるところ」（問6）、つまり子どもたちの居場所については、399人（69.4%）が「ある」と答えた。具体的な場所としては、「自宅」343人（70.4%）、「学校」49人（10.1%）が挙げられた。

　ほっとできる場所は自宅が大きな割合を占め、その中でも自室、トイレ、風呂、布団の中等の1人でいられる場所の記述が多く、1人で居られる場所が居場所として認識されていることが読み取れた。学校や地域が居場所としての受け皿になっていないこととともに、複数人でいるときにほっとできる経験があまりないことも分かる。

　また、トイレや風呂は、排せつや入浴の生理的欲求を充足する場所として使用されるが、その場所が「ほっとする場」と回答していることにも注目する。

第3章　那覇市寄宮地域における子ども実態把握調査報告

Ⅴ．自己肯定感

問7　何でもいいから、これが得意だなって、思えることがありますか？

	1、ある	2、ない	3、よくわからない	4、無回答	合計
合計	304	110	164	0	578
	52.6%	19.0%	28.4%	0.0%	

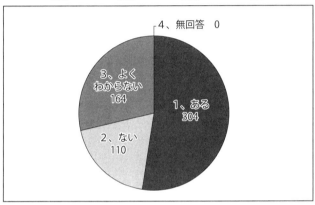

それは、何ですか？

1	スポーツ	182人（48.9%）
2	趣味遊び	65人（17.5%）
3	音楽	41人（11.0%）
4	勉強	40人（10.8%）
5	習い事	7人（1.9%）
	その他	37人（9.9%）
	合計	372人（100.0%）

「何でもいいからこれが得意だなって思えることがありますか」（問7）という子どもたちの自己肯定感を把握する質問については、「ある」が304人（52.6%）、「ない」が110人（19%）、「よくわからない」が164人（28.4%）であった。「よくわからない」の回答が多かった。得意なものの記述回答は「スポーツ」182人（48.9%）、「勉強」40人（10.8%）であり、部活に所属するなど、学校に活躍の場がある子どもは、自己肯定感を持つ機会があるが、学校で活躍の場を見つけられない子どもは、自己肯定感を持ちにくいと考えられる。学校以外に活躍の場を見出すことで「よくわからない」の回答が減ると考える。

Ⅵ. 子どもたちの人間関係

問8　自分のことを、大切に思ってくれる人がいますか？

	1、いる	2、いない	3、よくわからない	4、無回答	合計
合計	322	47	190	1	560
	57.5%	8.4%	33.9%	0.2%	

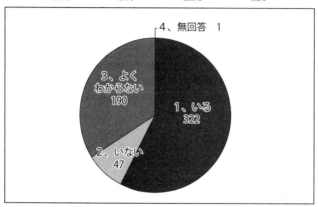

それ人は誰ですか？

1	家族・親戚	362人（76.7%）
2	友達	92人（19.5%）
3	先生	4人（0.8%）
4	身近な人、地域の大人	6人（1.3%）
5	部活のコーチ、塾の先生	0人（0.0%）
	その他	8人（1.7%）
	合　　計	472人（100.0%）

「自分のことを大切に思ってくれる人がいますか」（問8）という子どもたちの人間関係を尋ねる質問には、「いる」が322人（57.5％）、「いない」が47人（8.4％）、「よく分からない」が190人（33.9％）であった。「いる」と答えた子どもの記述回答では「家族・親戚」362人（76.7％）、友達92人（19.5％）であった。

　子どもたちの人間関係において、家族・親戚、友達が大きな割合を占めており、先生や地域の人を挙げた回答が非常に少なく、信頼できる人間関係の偏りが見られた。

　「これはおとなに伝えたい！！って思うこと、何でも書いてください」

問9　好きな大人が、まわりにいますか？

	1、いる	2、いない	3、よくわからない	4、無回答	合計
合計	265	94	212	1	572
	46.3%	16.4%	37.1%	0.2%	

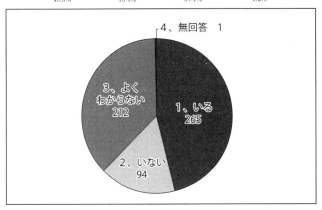

それ人は誰ですか？

1	家族・親戚	362人 (76.7%)
2	友達	92人 (19.5%)
3	先生	4人 (0.8%)
4	身近な人、地域の大人	6人 (1.3%)
5	部活のコーチ、塾の先生	0人 (0.0%)
	その他	8人 (1.7%)
	合　計	472人 (100.0%)

問10　これはおとなに伝えたい！！って思うこと、何でも書いてください

1	自分たちへの大人の振り舞いや態度	203人 (50.0%)
2	大人の普段の振る舞いやマナー	39人 (9.6%)
3	飲酒、喫煙をやめてほしい	26人 (6.4%)
4	住環境の改善、地域づくり	14人 (3.4%)
5	世の中のこと	14人 (3.4%)
6	学校でのこと、勉強のこと	13人 (3.2%)
7	大人への感謝やお礼	12人 (3.0%)
	その他	85人 (20.9%)
	合　計	406人 (100.0%)

（問10）については405人が記述回答し「自分たちへの大人の振る舞いや態度」に関するものが203人（50.0%）と最も多く、「大人の普段の振る舞いやマナー」に関するもの39人（9.6%）、「喫煙、飲酒をやめてほしい」

26人（6.4％）であった。「自分たちへの大人の振る舞いや態度」については、女子の記述回答が多かった。大人への厳しい指摘と自分たちを1人前に見てほしいという記述が多かった。以下、記述回答を紹介する。

「なんでも大人が正しいと思うのはやめて欲しい」（女子）

「家族のために頑張って働いてくれるのはわかるけど、もうちょっと構って欲しい」（女子）

「ストレスを子どもにおしつけないで」（女子）

「子ども扱いしないで欲しい」（男子）

「子供の心配は分かるが、子供は、ちゃんと考えているから大丈夫です」（男子）

「勉強が全てではない！　もっと遊ばせろ！！」（男子）

しかし、「好きな大人がまわりにいますか」（問9）では、好きな大人がいる、と答えた子どもは、265人（46.3％）、よくわからない、は212人（37.1％）であった。そのうち356人（81.8％）が家族・親戚を挙げ、43人（9.9％）が先生を挙げており、大人のことが嫌いなわけではないが、家族・親戚が大部分を占めている。地域の人を挙げる記述はごく少数であった。

大人もストレスを抱え、子どもと関わる時間や余裕がないことも推察される。

Ⅶ. 地域の把握

問11 那覇市寄宮地区(おうちの近く)は住んでいて、いいところだと思いますか？

	1、いいと思う	2、よくないと思う	3、よくわからない	4、無回答	合計
合計	243	64	261	1	569
	42.7%	11.2%	45.9%	0.2%	

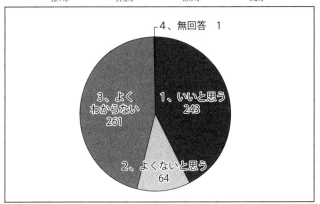

(寄宮地域が)いいと思う、と答えたみんなに聞きます。それは、なぜですか？

1	遊び場やショッピングセンター	88人 (30.0%)
2	地域の人との触れ合い、挨拶がある	69人 (23.5%)
3	暮らしやすい	34人 (11.6%)
4	安全・安心な街	27人 (9.2%)
5	学校が近い	18人 (6.1%)
6	静か・落ち着く	16人 (5.5%)
7	きれいな街、自然	14人 (4.8%)
8	友達に関すること	12人 (4.1%)
9	楽しい・にぎやか	5人 (1.7%)
10	親戚に関すること	2人 (0.7%)
11	イベント、地域行事	1人 (0.3%)
	その他	7人 (2.4%)
	合計	293人 (100.0%)

（寄宮地域が）よくないと思う、と答えたみんなに聞きます。それは、なぜですか？

1	安心・安全な街でない	31人（37.3％）
2	地域のゴミ、自然が少ない	21人（25.3％）
3	遊び場や施設の不足	7人（8.4％）
4	騒音がある	6人（7.2％）
5	暮らしにくい	5人（6.0％）
6	地域の人と関わりが少ない	4人（4.8％）
7	退屈	4人（4.8％）
	その他	5人（6.0％）
	合計	83人（100.0％）

問12　どんな寄宮地区（おうちの近く）になったらいいなぁって思いますか

1	遊び場、お店の充実	106人（18.9％）
2	安心・安全な地域	93人（16.5％）
3	きれいな地域	84人（14.9％）
4	地域の人との触れ合い	84人（14.9％）
5	楽しい、挨拶	75人（13.3％）
6	自然、公園	33人（5.9％）
7	交通の便	21人（3.7％）
	その他	66人（11.7％）
	合計	562人（100.0％）

「那覇市寄宮地区（おうちの近く）は住んでいて、いいところだと思いますか」（問11）については、「いいと思う」243人（42.7％）、「よくないと思う」64人（11.2％）、「わからない」261人（45.8％）であった。いいところだと思う理由としては「遊び場やショッピングセンター」88人（30％）、「地域の人との触れ合い、挨拶がある」69人（23.5％）、「暮らしやすい」34人（11.6％）、であった。寄宮地域を「いいと思う」と回答した記述には、「皆が優しいから」（中1女子）、「近所同士仲がいい」（中3女子）、「（お店が）ある程度そろっている」（中2男子）、「なんとなく」（中2男子）等があった。

また、よくないと思う理由としては「安心・安全な街でない」31人（37.3％）、地域の安全を求める回答が挙げられた。「不審者が多い」（中3男子）、「細い路地と街灯が無く暗い」（中1女子）、「自然がない」（中1女子）等の記述があった。

「いいと思う」と「わからない」を合わせると88.5％になり、否定的な

意見は少なく、地域にそれなりの愛着を持っていることが分かる。「地域の人との触れ合い、挨拶がある」に関わる記述を69人（23.5％）がしており、地域の人との繋がりを表す回答がみられた。

そして、「どんな那覇市寄宮地区（おうちの近く）になったらいいなあって思いますか」（問12）では、「遊び場、お店の充実」106人（18.9％）、「安心・安全な地域」93人（16.5％）、「地域の人との触れ合い」84人（15.4％）と回答が続く。

遊び場やお店の充実、安全・安心な街への希望とともに、「地域の人がもっと親切になったらいいなと思う」（中２男子）、「近所同士でおしゃべり」（中１男子）など、地域の人とのふれあいを求める声があった。不安と親しみとどちらも感じていることがわかる。

Ⅷ. 子どもたちの欲求

問13　学校で好きなことしていいよ、って言われたら、何をしたいですか？

1	遊び、イベント	274人（37.3％）
2	休息	103人（14.0％）
3	読書、映画、音楽、絵画、手芸	89人（12.1％）
4	テレビ、ゲーム、ＰＣ、スマホ	86人（11.7％）
5	スポーツ	79人（10.8％）
6	ストレス発散、暴力・迷惑行為	25人（3.4％）
7	帰宅	24人（3.3％）
8	飲食	22人（3.0％）
9	勉強	21人（2.9％）
10	部活	11人（1.5％）
	その他	52人（7.1％）
	合計	734人（100.0％）

「学校で好きなことしていいよって言われたら、何をしたいですか」（問13）については、「遊び・イベント」274人（37.3％）、「休息」103人（14％）、「読書、映画、音楽、絵画、手芸」89人（12.1％）であり、男子に「テレビ、ゲーム、ＰＣ、スマホ」が多く、女子に「休息」が多かった。男女ともに「暴れる」、「窓ガラスを割る」、「学校中に落書き」等の「ストレス発散、暴力・迷惑行為」25人（3.4％）の回答があった。学校

生活において疲れやストレスを感じている子どもが少なからずいることが読み取れる。

問14 休みの日に、やりたいことができるとしたら、何をしたいですか？

1	遊び、イベント	185人 (27.5%)
2	お出かけ（買い物・娯楽）	88人 (13.1%)
3	スポーツ	79人 (11.8%)
4	旅行	77人 (11.5%)
5	テレビ、ゲーム、PC、スマホ	77人 (11.5%)
6	休息	77人 (11.5%)
7	読書、音楽、絵画	56人 (8.3%)
8	自然	13人 (1.9%)
9	部活	11人 (1.6%)
10	勉強	6人 (0.9%)
11	ストレス発散	3人 (0.4%)
	その他	56人 (8.3%)
	合計	672人 (100.0%)

「休みの日に、やりたいことができるとしたら、何をしたいですか」（問14）については、「遊び・イベント」185人（27.5%）、「お出かけ（買い物、娯楽）」88人（13.1%）、「スポーツ」79人（11.8%）である。「休息」77人（11.5%）の回答もみられたが、「ストレス発散」については少なかった。この質問は子どもたちの日常生活での欲求を把握するものである。友達と遊びたい、身体を動かしたい、外の世界へ出たい、気持ちを持っていることが分かる。更には、暴力・迷惑行為は日常生活の欲求としては低いが、学校生活において見られるようになることも読み取れる。

問15　誰かに何かをしてあげたいと思ったこと、ありますか

	1、ある	2、ない	3、よくわからない	4、無回答	合計
合計	253	59	259	2	570
	44.4%	10.4%	44.9%	0.4%	

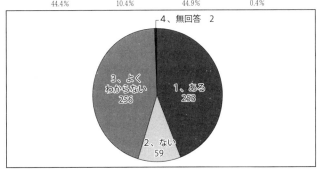

それはどんなことですか？

1	ボランティア、親切、高齢者・困っている人の助け	117人 (48.0%)
2	誕生日・プレゼント	41人 (16.8%)
3	友達への働きかけ	24人 (9.8%)
4	両親へ	15人 (6.1%)
5	家族・親戚へ	10人 (4.1%)
6	喜ぶこと	9人 (3.7%)
7	社会問題	7人 (2.9%)
	その他	21人 (8.6%)
	合計	244人 (100.0%)

「誰かに何かをしてあげたいと思ったこと、ありますか」（問15）については、「ボランティア、親切、高齢者・困っている人の助け」117人（48%）、「誕生日・プレゼント」41人（16.8％）等、様々な回答があった。男子より女子に誰かに何かをしてあげたいと思ったことがある、という回答が多かった。以下記述回答を紹介する。

　「今まで迷惑をかけたり助けてもらった友達に恩返ししたい」（中１女子）

　「誕生日プレゼントを渡したい」（中１女子）

　「声かけたい。いっぱい幸せにしてあげたいし、楽しませてあげたい。でも、何にもしなくても笑っているだけでいいかなと思う」（中２女子）

　「障害を持っている人が困っている時、助けてあげたいと思うけど実行できていない」（中１男子）等がある。

誰かに何かをすることは、その人もしくは社会から認められることであり、子どもたちが1人前の存在として認められたい気持ちを持っていることが分かる。
　中学生は、児童期から青年期への移行期にあり、発達段階では思春期（12歳〜18歳）といわれ、急速な身体的成長とともに情緒が不安定になりやすい。
　精神的自我に目覚めるため、認めてもらいたいという強い欲求をもつ。しかし、自分が思うように認められないこともある。思春期の子どもが社会に貢献し認められることは、大きな意味がある。

Ⅸ．結果と考察

食事と健康
　以上のアンケート結果より、寄宮地域の世帯の状況として、核家族とひとり親世帯が多いことが挙げられ、仕事や家事に忙しく子どもと向き合う時間がとりにくい親が多いのではないか、と考えられる。
　また、朝食が安定していない子どもや世帯全員が揃う機会が少ないなど、食生活と世帯のメンバーが安定していない子どもの生活実態も見られる。内閣府（2013）の調査を参考にしても、暮らし向きにゆとりがない世帯が一定程度存在することが、推察される。
　夕食時の家族構成において家族全員が揃う家庭は191人（33.6％）であり、子どものみで夕食を済ませるケースも83人（14.6％）ある。夕食時は、日中ばらばらに過ごしている家族が一堂に会して、食事をとりながら家族同士でその日の出来事を話すなど、貴重なコミュニケーションの機会となる。
　しかし、多くの家庭が全員揃わず食事をしており、日常生活のなかで家族全員が揃う機会はあまり多くないのではないか、と考えられる。食事は子どもにとって身体的成長発達、そして健康に欠かせない栄養補給にとどまらず、人間関係形成においても重要なものである。食事が家庭の中で摂取されていないことは、子どもの成長において様々な影響を与えている。

生活環境の偏り

　生活環境は家庭と学校に偏っており、スポーツや勉強で活躍の機会を見つけにくい子どもの自己肯定感は高くないと考えられる。学校生活でストレスを抱えている子どもが一定数みられた。居場所については自室を中心としており、個人化・個別化の傾向がみられた。

　「子どもにとって最も身近な社会は家庭である。家庭における食生活・習慣・教育レベル・住宅事情などの諸々の社会的要因が子どもの健康に影響を与える。」（安次嶺　1994　9頁）と指摘されるように本来家庭は、子どもがくつろげる場所、安心できる居場所であってほしい。しかし、49人（10％）が安心できる場所を「学校」と回答している状況がある。

　また、自宅が安心できると答えた生徒の中には、自室・トイレ・風呂・布団の中等、1人でいられる場所を安心できる場所とし挙げており、家族の団らん等、家庭の役割のあり方について憂慮すべきと考えている。

子どもと大人の関係

　人間関係においては、子どもと大人に分かれており、大人との人間関係は家族や親せきが大部分であり、地域の大人やお兄さんお姉さん的な存在がみられなかった。寄宮地域には大学も立地するが、大学や大学生との関わりが読み取れる記述はなかった。

　大人へのメッセージはハッキリ持っており、「1人前に（大人として）認識してほしい」というメッセージが強く読み取れた。

　地域の大人との関係は、関わりを持っている子と関わりを持っていない子どもに分かれ、地域の大人と関わりを持っている子どもと地域の大人の関係は、ある程度良好であり、地域の将来においても地域の人との関わりを求めている記述が多数あった。

地域への視点

　寄宮地域については、強い愛着を持っているわけではないが否定的な意見は少なかった。一方で、「安心・安全な街」を求める声もあり、子どもたちの潜在的な不安感も読み取れた。

　沖縄には、ムーチーやハマウリ等、子どもの健康を願う行事がある。

安次嶺（2004 176頁）が指摘するように、地域社会の中で子どもたちの成長を見守り育む文化や歴史があり、他人の子どもも我が子と同様に、見守っていた。

時代とともに社会は変化しているが、今回の調査から子どもたちは自分の暮らす地域に目をむけ、大人たちへの関心も持っていることがうかがえた。

意欲が実現できる地域へ

「誰かに何かをしてあげたい」という意欲を問う質問においては、具体的な回答が多く、子どもたちが行動意欲や貢献意欲を持っていることが読み取れた。しかし、「誕生日・プレゼント」といった家族や友達を対象としたものが多く、第三者や社会へ働きかける機会が少ないこともみられた。

こうして、寄宮地域の子どもたちは様々な欲求をもっているが、現状では限られた人間関係と限られた生活空間で過ごし、満足に能力やエネルギーを発揮できずにいると考えられる。一方の大人も生活に追われ余裕が無いようである。子どもも大人も可能性は持っているが、現在の地域環境では十分に生かされていないことが示されている。

また、今回の調査では睡眠に関する設問はないが、「すこやか健康指針」（金城 2015）は、子どもの健康生活つくり10か条を記している[10]。十分な睡眠と規則的な生活の基礎となる「早寝、早起き、朝ご飯」が身体的精神的な健康において重要であることを指摘している。子どもたちの詳細な生活状況・健康状態を考えるためにも、今後は睡眠についての調査が求められる。健やかな成長のためにも、家庭の養育、衣・食・住を整えるための環境整備を行い、そして周囲の人々や地域の人々との関わりを通して豊かに育ってほしいと願っている。

第5節　調査から見えてきた課題及び今後の展望

加藤彰彦

Ⅰ．子どもの生活空間、関係の変化

　今回のアンケート調査では、那覇市国場及び長田の周辺にある小中学校を中心に行ったが、那覇市の中心部からは離れているとはいえ、都市における特有の課題を反映している。全体としては、子どもの生活空間である「家庭」「学校」「地域」それぞれにおける人間関係、及びそこでのコミュニケーションの質が希薄化している状況が明らかになった。

　かつては、子どもが暮らす生活の場である「家庭」「学校」「地域」は濃密な人間関係によって満たされ、尚且つその中心は子どもであった。

　しかし、例えば「家庭」であれば「核家族」及び「ひとり親世帯」が多くなり、親と子のみの世帯が多くなっている。しかも、親の生活は長時間労働と低所得による不安定さの中で、子どもとジックリと向き合い関わりあうことが少なくなっている。

　そのため、生活の中でもっとも安定し安らげる場である家庭が、子どもにとって落ち着けない空間となってしまっているという現実がある。

　子どもに期待される最も大切な要素は「生きる力」であると考えられているが、それは具体的にはどのようなものであるかを考えた時、人間がごく自然に繰り返す行動、反復して行う日常的な行動だと考えてみると「生きる力」とは、「呼吸すること」「食べること」そして「寝ること」の3つだといえる。

　この「呼吸（息）すること」「食べること」「寝ること」は、生活基盤となる生活時間や生活リズムを作り出していく中心的な行動である。

　今回の調査では「食事」に焦点を当て調査をしたのだが、その乱れがかなり明確になっているように思われる。

　食事は三度三度、おおよそ6時間の感覚をとって回転していく。午前7時前後に朝食をとり、昼の12時から午後1時にかけて昼食をとり、夜は午後6時から7時にかけてとることになる。

この規則的なリズムは、生活のリズムを作り出し、生理的な循環を作り出していく。それに加えて、睡眠の時間が重なり、朝起きる時間と夜眠る時間が加えられ、1日の生活リズムができる。いわば、朝起きる時間、朝ごはんの時間、そして昼ごはん、夕ごはんの時間、そして夜寝る時間を繰り返し人間は生きていく。その意味で、この5つの定点を軸にして子どもの生活は成立しているのである。

　しかし、現代社会における生活のリズムは、夜型社会へと大きく変質し、しかも大人（親）の労働時間及び内容の変容によって子どもの生活リズムも大幅に崩れてしまっている。人間にとって安定した労働条件及び労働内容は、日常生活に影響を与えるのであるが、低賃金、長時間労働が一般化し、親の生活時間が乱れてしまっているのが現状である。

　家庭には、子と親、そして祖父母が一緒に暮らすことによって、人間関係の幅があった。しかし、都市化現象は、家族の形態を「核家族化」し、親と子だけの関係に単純化してしまった。しかも安定した労働が保障されない中で、生活も不安定となり、「ひとり親家庭」も増加している。

　父親または母親が1人で労働もし、子育てもするという過重な家族生活が一般化してしまったのである。

　今回の調査からもこの傾向は明確であり、特に家族の一家団欒である「夕食」の時間に家族全員が揃わないという現実が多く見られる。食事は人間（子ども）にとって、またその成長にとって必要な栄養を摂るだけではなく、人間関係をも学ぶ大切な場である。

　人間の基本的な差異である男女、そして年齢による差（世代の違い）がある家族の構成員が集まり、暮らすことによって、人間関係の基本を学ぶ場が家庭でもある。

　しかし、親と子のみ、少数の兄弟姉妹という「核家族」の中では、柔軟な人間関係を体験することができない。特に夕ご飯を子どものみで食べている場合、さらに家族以外の存在である「その他」と食べているという場合がみられることは、厳しい家庭の崩壊現象を示しているといえる。

　夕食の時間を聞くことはできなかったが、親の帰宅時間が遅くなっていること、また夜の時間帯にテレビやパソコン、ゲーム、スマホ等が入ってくることで就寝時間も遅くなっていることは充分予測ができることで

あり、疲労を取ることもできない状況が核家族には多くなっているように思われる。

こうして、親と子の関係にすべてが収斂してしまうため、双方に余裕がなく、ささいなことでぶつかってしまったり、ゆっくりと受け入れる余裕もなくなっているのが現状と思われる。

また、子どもの生活空間として重要である学校での状況についてみると、それほど苦しんでいるという内容が見えてこない。

子どもにとって「ほっとできる」ところは「家庭」であり、しかも自室やベッド、風呂、トイレなど1人でいられる空間が多い。

また、得意なことについては男女ともにスポーツが多く、部活やクラブが学校生活の中でエネルギーを発散できる対象になっている。

また、自分のことを大切に思ってくれる人、好きな人についても「家族・親戚」が多く、「先生」を挙げた子どもが少ない。

学校で好きなことをしてよい、と言われたら、また、休日に何をしたいか、という問いには、友達と遊びたい、という回答の他にストレスを発散するような回答があり気になった。

子どもたちは、学校生活においてもかなり疲れておりストレスを感じているのではないかということが容易に推測できる。

ただし、子どもたちは友達と遊びたい、身体を動かしたいなど、エネルギーを発散して何かしたい、という思いも多くあるということが伺われる。

その上で大人に対して「子ども扱いをしないでほしい」「もうちょっと構ってほしい」「ストレスを押し付けないで」とも書いている。つまり、子どもたちは、大人たちに1人前に認めてほしいと願っているということなのだと思われる。

こうした子どもたちの思いは、地域に対しても「分からない」と回答する数が最も多く、地域との関わりが希薄になっていることが分かる。

しかし「分からない」ではあるが「嫌い」など否定している回答も少ない。

近所の人たちとのつながりや声掛けを求める声は意外にも多く、子どもたちは「学校」や「地域」の中で周囲の人たちに認められたいと思っているのだということも浮き彫りにされたと思われる。

こうして、子どもたちの生活空間である「家庭」「学校」「地域」をみてくると、家庭に関する思いが最も強いことは明確になったが、その家庭に子どもと関わりあう余裕がなく、親もまた生活に疲れていることも浮かび上がってきた。

Ⅱ．子どもとの新たなかかわりの創造

　子どもたちの生活空間から見てくる限り、子どもの生活環境は「家庭」と「学校」に限定されており、それ以外の「地域」における生活空間もなく、極めて限定された人間関係と生活空間の中におかれているということが明白になってきている。
　したがって、大人の側（親や教師）も疲労しストレスを抱えているのではないかと考えられ、子どもたちもゆっくり休めたり、エネルギーを発散できる場もなくストレスを抱えているという全体の構造が見えてきた。
　こうした現状の中では新たな関係と空間の創造が必要になる。
　子どもの成長にとって、多様な人との関わりはきわめて重要なのだが、子ども自身のロールモデルになる青年、若者との出会いが大きいことは心理学や発達学の研究からも実証されている。
　将来のモデル、それも同様の成長をする可能性のある身近な青年に出会うことで、子どもたちは自分の進むべき方向性を見つけることができる。
　高校生、大学生あるいは若い青年労働者との出会いの場が、小中学生にとって大切であるということである。
　また、子どもたちの生活の場は「学校」と「家庭」に集中してしまっており、それ以外の生活の場も必要になっている。
　例えば、小中学校学生が集まれる「児童館」や「青少年センター」、様々な交流センターのような場、体験のできる場などである。
　また、地域の中に公園や体育館があったり、自然に触れられる場、動植物と関われたり農場などの体験ができる場があれば、それは「家庭」と「学校」との中間にある「もう1つの場」として子どもたちがエネル

ギーを発散させ、関係と体験を拡げる場として求められていると思われる。

　かつて寄宮中学校区を中心に「豊かな心でたくましく生きる力の育成」を目指して「ハートフル地区」を創ろうという実践が行われたことがある。

　1999年度から2001年度にかけて文部省、那覇市教育委員会の指定を受けて行われたこの実践活動は、地域の幼稚園、小学校、中学校と教育委員会、さらに地域の方々との協力で3年間取り組まれたものである。

　この研究実践のテーマ設定の理由として「幼児児童生徒が学校・家庭・地域から体験を通して学ぶことにより、豊かな人間性や生きる力を培うために、実践活動地区（寄宮中学校区）と那覇市教育委員会の連携による研究活動を進めていきたい」と述べている。

　そして、1999年7月3日（土）に300名の参加者のもと「地域フォーラム」を開催している。そのフォーラムの中で「子どもたちに豊かなふるさとを」のテーマのもと、4つの「地域づくりの提案」を行っている。

　その内容は①「クリーンな地域（まち）」、②「ハートフルな地域（まち）」、「ボランティアネットワークのある地域（まち）」、④「学園文化都市をめざす地域（まち）」である。（詳細は3章を参照）

　こうした4つの提言をもとに地域がまとまり、2000年11月18日（土）には「寄宮まつり」が開催されている。

　ここでは、実行委員会がつくられ、寄宮十字路通り会、真和志まちづくり委員会、学校道徳推進委員会が共催し、小中学校のＰＴＡ、沖縄尚学高等学校、沖縄女子短期大学、沖縄大学、真和志自治会連絡協議会が協力している。

　そして、幼児、児童、生徒の演舞演奏。高校生、大学生の演舞演奏。地域団体の演舞演奏が行われ、バザー、フリーマーケット等が行われ、この地域をクリーンでハートフルなまちにしようと、それ以後「寄宮まつり」がおこなわれてきたのであった。

　この時の地域の盛りあがりを考えると、持続的な活動が必要だったと思うのだが、現在こうした地域の活動はなくなっている。

　沖縄大学地域研究所の共同研究班として、今回の実態調査を行うことによって、このような歴史についても発見することができ、現在この地

域の小中学生の成長にとって最も必要な、子どもと大人をつなぐ中間としての高校生、大学生、青年との交流の場をつくること、また地域と学校をつなぐ地域との協働によるあらたな子ども若者支援のプランを作りあげることの大切さを痛感させられている。

　考えてみれば、この地域には、幼稚園、保育園から小中高校、そして大学まで揃っている沖縄県内では稀有な地域であり、かつて地域フォーラムで提言された「学園文化都市」として再生することが可能であると思い至っている。

Ⅲ. 今後の展望（地域資源の再発見）

　今回の調査で子どもたちは、自分の役割を発見することができず、疲れているという状況にあることが分かった。もっと、自分たちに何かやらせてほしい、挑戦したい、役立ちたいとも思っていることが伝わってきた。

　その意味では、地域に今まで気づかずにあった自然環境や、伝統文化、芸能あるいは技術、職業などを掘り起し、地域の行事などをもう一度再興することを通して、小中学校、大学を中心に、子どもたち、若者達が中心になる地域づくりを始めることが出来ればよいと思われる。

　今回の調査は、沖縄市で行われた小中学生の実態調査とほぼ同じ内容で行ったのだが、傾向としては類似しているが、特徴的なことは、地域への否定的な意見が少なかったことである。さらに地域を知り、地域で暮らす人々と交流し、地域を自然豊かなハートフルで暮らしやすい地域にしようという潜在的な可能性が、この地域にはあるという発見があった。

　今回の調査報告を、できれば沖縄大学の地域研究所で行った後、地域の方々、また大学生にも聞いてもらい、できれば学園都市、文化都市としての「地域づくり」のための協議会をつくり、多くの方々の意見、アイディア、そして夢を語り合い、子ども若者にとって住みやすい地域づくりへと実践化したいと考えている。

　今回の調査に至るまで、数年間、子どもの居場所に関する研究と調査を続けてきたが、沖縄大学の地元の地域で子どもを軸にした地域づくり

を具体化させたいと考えて取り組まれたプロジェクトである。
　まだまだ調査の足りない部分もあるので、さらに多くの研究者、学校、地域の方々のご協力を頂きながら、実践と研究を深めていきたいと考えている。
　ご協力を頂いた寄宮中学校の先生方、生徒さん、また、上間小学校の先生方、生徒さんに心から感謝を申し上げ、よりよい地域づくりが実践できればと念じている。

〔第3章　注〕

第2節　那覇市寄宮中学校開校に至る寄宮地域（校区）の歴史・概要（嘉数　睦）

⑴　新垣清輝　1956年　『真和志市誌』　真和志市役所（PP402）
⑵　同上（PP307-372）
⑶　那覇市立寄宮中学校創立記念誌委員会　2005年　『寄宮中学校50周年記念誌』（PP94）
⑷　国場誌編集委員会　2003年　『国場誌』　国場自治会発行
⑸　上間誌編集委員会　2009年　『上間誌』　上間自治会発行
⑹　同上（PP562）
⑺　沖縄県社会教育委員会議　2006年　「『地域の子は地域で育てる』ための具体的な施策の推進を図る～子ども・若者が輝く地域づくりを中心に～提言」（PP13-19）

第4節　寄宮地域の子どもたちの実態把握調査アンケート（石川幸代・横山正見）

⑻　『第52回那覇市統計書』（2012）「17．世帯の家族類型別一般世帯数、一般世帯人員、親族人員」における「18歳未満の親族のいる世帯数」（34,215世帯）と「18．子供の数別母子・父子世帯数及び人員」における「総数」（3,281世帯）により、那覇市のひとり親家庭の割合（9.6％）を算出した。
⑼　『平成17年国勢調査』（2005）「第12表　世帯の家族類型（22区分）別一般世帯数、一般世帯人員，親族人員及び1世帯当たり親族人員、47沖縄県」における「18歳未満の親族のいる世帯数」（162,838世帯）と「第9表」、「第10表」における「母子家庭数」（14,931世帯）「父子世帯数」（1,911世帯）により、沖縄県のひとり親家庭の割合（10.3％）を算出した。
⑽　「すこやか健康指針」（金城 2015）は、子どもの健康生活つくり10か条として以下の内容が記されている。
　①寝る時間・起きる時間を決め、子どもと約束しよう！
　②午後9時までに寝床に入ろう。
　③夜の睡眠は10時間をめやすにしよう。
　④夕食は夜7時から8時までにすませよう。

⑤布団に入るまで、布団に入ってからもテレビやＤＶＤをみない。ゲームをしない。
⑥保護者は、子どもを寝かせてから家事など自分のことをしましょう。
⑦子ども「睡眠儀式」を大切にしましょう。
⑧朝起きる時、部屋のカーテンを開けよう。時間によっては朝日を入れてから起こすといいですね。
⑨土曜・日曜・休みの日も同じ時間に起床・就寝、休みの前日は夜更かししないように！
⑩幼児の昼寝は１時間半前後、午後３時までには起きましょう。

【参考文献】

第1節　はじめに（横山正見）

沖縄市　2012年　『平成23年度沖縄市こどもの実態調査報告書』
那覇地区「こども110番の家」連絡協議会・那覇警察署　2012年　「那覇地区③『こども110番の家』マップ」

第2節　那覇市寄宮中学校開校に至る寄宮地域（校区）の歴史・概要（嘉数　睦）

那覇市教育委員会生涯学習部　2013年　『平成24年度那覇市の教育』
上記以外は〔第3章　注〕に記述

第3節　那覇市および寄宮地域における子どもたちへの取り組み（嘉数千賀子）

那覇市教育委員会学校教育課　1998年　『ハートフル広報　文部省指定ハートフル地区』
那覇市子ども会連絡協議会　1984年『那覇市子ども会5周年記念誌』PP8
那覇市子ども会連絡協議会　1989年『那覇市子ども会10周年記念誌』PP18
那覇市子ども会連絡協議会　1994年『那覇市子ども会20周年記念誌』PP12
那覇市子ども会連絡協議会　2004年『30年のあゆみ　創立30周年記念誌』
那覇市立寄宮中学校　1989年　『学校教育目標の達成をめざした生徒指導のありかた』昭和62・63年度文部省指定生徒指導総合推進校研究資料
那覇市立寄宮中学校　2000年　『平成10、11、12年度文部省指定道徳的実践活動地区（ハートフル地区）推進研究報告書』PP1-2

第4節　寄宮地域の子どもたちの実態把握調査アンケート（横山正見・石川幸代）

安次嶺馨　1984年　『沖縄の子どもたち——小児科医のカルテより』　ひるぎ社
安次嶺馨　2004年　『母と子のカルテ——ある小児科医の軌跡』　文芸社
金城やす子　2015年　「子どもの健康生活つくり10か条」『すこやか睡眠指針　すいみん』　厚生労働科学研究

総務省　2005年　「平成17年国勢調査」政府統計の窓口
　http://www.e-stat.go.jp/
高野清純・他　1993年　『子どもの精神保健』　教育出版
内閣府　2013年　「食育に関する意識調査」　内閣府ホームページ
　http://www8.cao.go.jp/
中野綾美編著　2015年　『ナーシング・グラフィカ　小児看護学①　小児の発達と看護』　メディカ出版
那覇市　2012年　「第52回那覇市統計書」　那覇市ホームページ
　http://www.city.naha.okinawa.jp/kouho/toukei/pdf/toukei2012.pdf
奈良間美保・他　2014年　『系統看護学講座　専門分野Ⅱ　小児看護学１』　医学書院
吉松和哉・他　2010年　『精神看護学Ⅰ　精神保健学』　ヌーヴェルヒロカワ

第4章　沖縄の子どもにおける
　　　　　　共育的環境構築への模索

第1節　公民館活動と子どもの居場所
　　　——那覇市繁多川公民館の取り組み　　　嘉数千賀子

Ⅰ．繁多川公民館の沿革と概要

　2005年（平成17年）那覇市の7番目の公民館、繁多川・真地・識名地区の生涯学習の拠点として那覇市繁多川公民館（以下、繁多川公民館）はスタートする。開館準備の時点から一部をNPO法人「なはまちづくりネット」（代表　田端温代氏）に委託。2010年（平成22年）には優良公民館として文部科学大臣賞の表彰を受ける。2013年（平成25年）「朝日のびのび教育賞」受賞。2014年（平成26年）からNPO法人「1万人井戸端会議」（代表　南信乃介氏）に一部業務委託をするようになる。

　施設
　・ホール、研修室1（会議室）、研修室2（会議室）、和室、実習室

　事業内容
　・サークル活動（カラオケ、茶道、書道、料理、パソコン、ペン字、英会話、三線、体操、ヨガ、ダンス、エイサー、琉舞、ギター、コーラス、詩吟、大正琴、楽器、子育てなど）
　・デイサービス
　・各種講座（成人、青年、親子、家庭教育、健康、地域連携講座など）

Ⅱ．NPO法人１万人井戸端会議の概要と目的

　繁多川公民館は真和志地区10万人が主な利用者である。１万人単位での組織がそれぞれの地域で活動し、その組織同士が繋がっていくことを目指した構想を描き設立された。10万人という規模は多すぎるため、１万人単位を生活圏と想定し、地域拠点としての結びつきを強める役割を担うことを目標としている。高齢者から若い世代を繋ぎ、地域の人と人とを繋ぎ地域の活力をつくり出すことを目指している。
　そのために地域社会を背負う若者に、公民館として何ができるか。地域の伝統文化に誇りを持ちながら交流し、育ち合う場所をどうつくるかが課題である。上間地区であれば上間自治会と上間小学校、寄宮中学校、国場地区なら国場児童館、仲井真中学校というように各地区での繋がりをもとに、真和志地区の拠点の場として繁多川公民館も連携する、という形を目指す。

Ⅲ．繁多川公民館の取り組み事例

・豆腐作り（地域の方と小中学校での総合学習）
・真和志高校での停学生徒の受け入れ
・泊高校夜間部でのインターンシップ受け入れを単位制（３単位まで）
・沖縄本島の高校に離島から進学してきた生徒と空き部屋のある大家さんとの繋ぎ
・ジュニアボランティア

講座（例）

	講座名	趣旨	評価など
成人講座	世界のおもてなしを高めるハラール文化講座	観光立県である沖縄県は、今後、見込まれる様々な文化や人種の観光客に対して企業レベル、市民レベルで迎え入れるホスピタリティーが必要となる。特にイスラム圏のハラール文化に触れ・学び、市民とともによりよい国際社会に貢献する人間性を育むとともに魅力ある沖縄社会に寄与する。	・参加者から（アンケート含）継続した学習会の希望が3件あった。参加企業の中で、お祈りに必須なプレイルームの設置をする企業は1件あった。 《達成度》 ・アンケートより同様の国際理解を深める声は多く聞かれた。琉球大学学生食堂にて、ハラールを取り入れるサポーターが出るなど、7割が達成した。企業側の参加が少なかったため、お祈りのためのプレイルーム設置まで結果が出せなかったが、身近なところから公民館警備休憩所をプレイルームとして活用することを検討している。

「いどばたごはん」の取り組み

　2015年（平成27年）12月からスタートした「いどばたごはん」がある。ＮＰＯ法人沖縄青少年自立援助センターちゅらゆいの「kukulu（以下、ククル）」と繁多川公民館がタイアップして企画運営を行っている。

　毎月1回、夕方5時から、ククルに通う中学生や高校生と一緒に地域の子どもたちが自分たちで夕食を作り、おしゃべりをしながら食事をする。メニューは子どもたちが先月出したリクエストに基づく。

　食材には地域の方からの差し入れの野菜も使われ、ククルの中高校生と地域の小学生の他、公民館やククルの支援員、そして小学校の教育相談員や民生児童委員も参加する。小学生の中には毎日学校に通えない子どもや時差登校の子どももいる。ククルの中高生も不登校などさまざまな事情を抱えているという。

　ＮＰＯ法人沖縄青少年自立援助センターちゅらゆい代表の金城隆一さんは、「子どもたちと地域を繋げたくて繁多川公民館に声をかけた。ククルの中でもさまざまな活動を行っているが、通う子どもたちを『地域』と繋げたいという思いがある。ただごはんを食べるのではなく、地域の人と触れあっていく入り口としてこの取り組みをスタートさせた。この活動を通して地域と繋がり、地域で困難を抱える子どもたちを早めにキャッ

チしたいとの思いがあった。」という。

　繁多川公民館館長の南さんが、近隣地域の小学校で教育相談員として学校内の相談室を受け持つ民生児童委員・主任児童委員の大城さんに声をかけ、登校が難しい子どもたちの学校外の居場所として活動が始まった。

　2016年（平成28年）2月22日17時、3回目となる「いどばたごはん」に参加した。この日の参加者は小学生が5人、高校生が4人、中学生が1人、大人が3人、勤労青年が2人。中高校生は牧志の「ククル」から代表の金城さんたちと車でやって来た。小学生は近所の子は徒歩で、あるいは保護者の車で来る子どももいた。

　実習室に入るとエプロンと三角巾を頭に巻き、小さな貯金箱に1人100円を入れる。集合したら全員でメニューの確認。グループ分けをし、小学生、中高校生、大人が等分に分かれる。グループに分かれてレシピの確認を行う。その日はグラタンとコンソメスープとポテトと紅芋のサラダであった。

　グラタンは家では作ることは少ないためか、どのグループもレシピを確認しながらお互いに相談し、調理を進めていた。高校生は調理道具の場所も準備も心得ており、全員男子生徒だったが、とてもよく気がつき手際もいい。小学生に指示を出したり、近くで手伝ってあげる様子がよく見られた。小学生もかなり慣れており、大きな包丁で野菜を切ったり、道具を洗ったりする。

　小学4年生の男の子は、学級にはまだ入れていないようだったが、とても賢く野菜の切り方からスープの味見までとても上手にこなしていた。「ジャガイモの皮むきも前回やったので大丈夫。料理が好き。楽しい。」と話してくれた。高校生も「僕は盛りつけが得意なんです。道具を洗うのも好きです。」ととても丁寧に話をする。

　高校生は小学生の手助けをし、リーダーとなって調理をこなしており、とても生き生きしていた。小学生も言葉は少ないが自分にできることを見つけ、高校生のお兄さんたちと一緒に料理していることがとても楽しそうである。料理を通してお互いに信頼関係が築かれ、子ども同士が繋がる場面が生まれていた。早速、完成した料理を囲み、おいしさを噛みしめながら互いの労を労い、また次回のメニューをみんなで和気藹々と

決め、この日の企画は終了となった。
　生きることの根本である「食」を通して、共に育ち成長する関係性が築かれている居場所となっていることがうかがえた。

Ⅳ.「ＮＰＯ法人１万人井戸端会議」代表　南信乃介さんへのインタビューより

持続可能な地域づくり
　１万人井戸端会議代表の南さんは、自治会や学校評議員として活動してきた父親の背中を見て育ったという。大学卒業後は地元沖縄の観光に役立ちたいという意思で、本土からの観光客を案内する仕事に就く。しかし、特別な場所で一部の人々の紹介に終わる観光案内に疑問を感じ、地域の資源を生かし、「沖縄の人たちが納得する豊かな社会」をつくっていきたいと考えるようになる。自らの課題を自らの力で解決していく「自治の力」を大切にし、「自立した」沖縄を目指すことを考えていた。一時的なお金を活用するのはいいが、地域が分断されたり、継続しないものではなく、「持続可能な地域づくり」という価値観が現在の公民館での仕事の原点となっている。「人と人とを繋ぎ、共に育ち合う場所として公民館は何ができるか」日々考えているという。

時代の変化と公民館の役割
　南さんたちは、時代の変化とともに柔軟に取り組んでいるため、地域の中での公民館の役割も変容させている。戦後スタートした公民館制度は民主的な公民館を目指し、「公」としての公民館が先導してはいけないという方針がとられていた。市民が主体的に公民館活動をつくっていく

ことが大事とされた為、公民館が待ちの姿勢となった。高度経済成長とともに豊かになった社会で公民館の役割も多様となり、臨機応変な生涯学習、仲間づくり、生き甲斐づくりへ傾いた。

　しかし、現在、少子高齢化を迎え地域のつながりが衰退化しつつある。今一度地域の活性化や課題を皆で考えていく必要に迫られ、公民館の役割も変化してきている。地域の課題解決に向けて考えるきっかけを提供することや、行動を起こそうとする人々へ寄り添い、ともに活動しアクションする、共有の場が必要になってきている。1人ひとりができることを持ち寄り、行動できることが地域の豊かさであり、それが新しい地域や社会づくりのパワーとなっていく。

地域の文化を発見する

　「地域資源」の可能性を発見し、地域のエネルギーとしたい。そして繁多川地域から沖縄や日本を活性化できる人材を育てたいという願いから、「あたいぐゎープロジェクト」や在来大豆を使用した「豆腐づくり」に取り組んでいる。このように、地域の良さを再発見し、人と人を繋げ、地域を支える子どもたちを育てていく活動を行っている。

　「豆腐づくり」は地域と学校を繋げる大きなプロジェクトにもなった。授業の中に「豆腐づくり」を取り入れ、地域の人が講師となり、子どもたちに地域の伝統文化を伝えていく。公民館はコーディネーター役を担うのである。これまで5つの小中学校で継続して実施している。

　現在は那覇署の少年課も関わり、中学校で子どもたちと少年課で大豆を育てることもしている。このような活動により、これまで近所の道ですれ違う「知らない人」同士だった人が、お互いに名前を呼び合い挨拶するようになったという。公民館活動に関わり地域で気軽に話ができる関係が広がった、という報告もあったそうだ。

地域と子どもをつなげる

　高校と連携し出席停止になった生徒を1週間公民館に受け入れ、清掃活動やお年寄りとの関わる機会をつくっている。地域の人から「ありがとう」と声をかけてもらうことは、「認められる」体験となり生徒の自己

肯定感が高まるものである。1週間を過ぎるとどの生徒も目の色が変わり、仕事も任せられるようになる。こうした体験を積み重ねることで高校生も生き生きと変化してくる。又、定時制高校の夜間部とも連携し、公民館活動に35時間関わることで1単位が認定され、合計3単位までとれるプログラムを行っている。

　さらに2014年度（平成26年度）は「進学支援下宿プロジェクト」として、繁多川地区に多く存在する「空き部屋」と、高校のない離島や遠隔地から進学する生徒を繋げるプロジェクトを行った。

　夏休み期間中は寮が閉寮するため、離島出身で部活動に取り組む生徒は宿泊する場所が確保できず、活動が厳しくなることがあったが、夏休み期間中に「空き部屋と食事」を提供することができた。このプロジェクトは、1人暮らし高齢者の孤立が予想される地域のビジネスモデルとしても期待している。

　南さんは必要とされる仕事、喜びをもって働ける仕事を自分たちでつくり、地域で働きたい人が働けるような場を創出することを展望として描いている。これからは、今まで以上に地域で必要とされるものを発見し、支える側と支えられる側を繋げる「社会教育」の役割を公民館が担っていくことになるだろう。その際に、NPOは多様な活動ができ、より地域のニーズに応えることができる。

地域に子どもたちの活躍の場をつくる

　ジュニアボランティアには2013年度（平成25年度）は49名の生徒が申し込んでいる。ジュニアボランティアは、地域の祭り等の手伝いを担うことが多く、高校生からも申し込みがあり、自分が求められている役割に素直に喜びを感じているという。実際に参加した中学生の女の子の声である。「私は将来、介護の仕事か自分で赤ちゃんポストを作りたい。だから、その勉強のためにこのジュニアボランティアに希望した。まつりの手伝いは楽しい。いろいろなものにこれからも参加したい。」

　別の男子生徒も「まつりの裏方は楽しい。自分は表に出るのは嫌だけど、準備とかの手伝いは大好き。とても楽しい」と話している。学校では部活動や生徒会に入ることもなく、表だって活躍する場はなくても地

域に役割があり、自分の居場所を見つけているのだ。

地域の大人の姿も見せていく
　公民館のフィールドは地域であり、地域の中で「子ども」をみており、地域の人材を育てている。繁多川公民館では、「お仕事せんせい事業」にも取り組んでおり、地域の学校から依頼があれば、さまざまな分野で仕事をしている方を学校に派遣し、講話をしてもらっている。繁多川公民館が地域の中から人材を見つけ、コーディネートしているのだ。可能であればその学校の出身者にお願いするようにしている。出身校であれば講師の思いが違ってくるという。自分が暮らす地域のために、地域の人材を育てようという思いは強く、子どもたちにも伝わっていくそうである。作業療法士、記者、農家の方など、子どもたちは自分の関心のある先生を選んで話を聞いていく。講師は手弁当で子どもたちに講話を行ってくれる。そのような活動を通しても地域と子どもを繋げている。
　子どもたちは地域のさまざまな活動を通して、地域を支えている大人の姿をみていく。そしてやがて地域を支える存在となっていく。子どもにとって安心でき、自分と向き合ってくれる人の存在は大切であり、個人として向き合ってくれる人が必要である。自分自身が成長できたことを感じる体験とともに、認めてくれる存在は不可欠である。

自立した地域をつくる人材が育つことを願って
　本来、その役割を担うのは家庭であり、家庭の愛情と安定が子どもの成長に欠かせない。しかし、家族の形も多様化しており、厳しい家庭環境で育つ子どもが増えてきた。だからこそ、地域の力が今一度必要となっているのである。地域で認め合うためにも、多様な価値観で子どもと向き合い、遊びや出会いを通して学ぶことが必要になってきた。
　他者とコミュニケーションをとれる場所、多様な場が必要となってきた。個人で完結するのではなく、意見を言い合え、自分に自信を持ち、誰かの役に立つ喜びを感じることができる居場所。学ぶ意欲を高めていく場所が必要となってきた。その役目を公民館が担っていく時代になってきたのである。

人と人を繋げ、主体的に取り組むことのできる地域へとコーディネートしていく。自立した地域、沖縄を創っていく人材を育てる。夢に向かってチャレンジし、将来この地域に戻ることがなくとも日本や沖縄を引っ張っていくような子どもたちが増えてほしい。技術やネットワークを身につけ、持続可能な社会をつくって欲しい。繁多川公民館、そして館長の南さんの願いである。

第2節 「寺子屋」エスノグラフィー
──聴こえない生徒たちと「寺子屋」という生き方

横山正見

Ⅰ．はじめに

　私が聴覚障がい学生支援に関わるようになったのは2005年、沖縄大学で聴覚障がいのある友人に出会ったことによる。彼と付き合う中で、これまでの学校生活が決して満足できるものではなく、勉強面や人間関係において苦労してきたことを知った。他の聴覚障がい学生からも、一様に学校生活で苦労したと聴いたものである。
　出身地、年齢、性別、聴こえの程度、それぞれ異なっていたが経験の質は共通するものであった。先生の話が分からず、自宅で教科書や参考書を頼りに自習し、勉強についていったという経験が多かった。また、1対1ならば話についていけるが、多人数になると会話についていけず、友達の「おまけ」のような立場になり、深い会話、深い人間関係を築くことが難しかった、という話も多かった。つまり、聴覚障がい児の学校での困難体験は、個人に起因するものではなく社会に起因する社会的な問題であると感じたのである。
　一方で2000年ころから沖縄県内の大学において、聴覚障がい学生支援が始まった。ノートテイクを中心とした文字による情報保障が主な取り組みであったが、講義における情報保障にとどまらず、支援活動の中で人間関係を育み、「支える・支えられる」という関係を超えた活動が芽生えていた。
　さらに、しっかりとした情報環境で過ごす中で、聴覚障がい学生自身が大学以前の時期からの情報保障の必要性を自覚するようになったのである。
　こうした中で始まったのが「ゆいまーる寺子屋（以下、寺子屋）」である。主宰者はKさんといい、2000年前後に県内の大学で情報保障を受け、聴覚障がい学生支援活動の普及・発展に取り組んだメンバーの1人である。
　本稿は寺子屋の活動を、寺子屋に通った聴覚障がい生徒4名のライフ

ヒストリーインタビューと、Kさんと生徒でやり取りされる「連絡帳」の文章から明らかにするものである。また、私はKさんと共同生活者として暮らしており、寺子屋の生徒がやってくる日は私の家は寺子屋になるのである。私が生徒に勉強を教えることはない。しかし、生徒と他愛のないおしゃべりをしたり、イベント時には企画運営のお手伝いを行ったりしてきた。頻度も多く関わりも深く、寺子屋に関わってきた1人といえるだろう。

こうした日々の関わりの中でKさんとも生徒とも信頼関係を築き、内の視点も外の視点も持つ参与観察者として寺子屋のエスノグラフィーを描きたいと考えるようになった。ちなみにエスノグラフィーとは、「ある文化・コミュニティの生活構造全体を、生活それ自体に参与しながら観察することで把握記述しようとするもの」(南 2013 22頁)と言われ、「民族誌」と訳されることもある。本稿を記すことは、寺子屋の活動を記録することにとどまらず、聴こえない子どもたちの日々、そして寺子屋を主宰する聴こえない人の生き方を描くことになるだろう。

また、社会に目を向ければ2016年4月より「障害者差別解消法」が施行され、障がいによる差別の禁止とともに障がいのある人への合理的配慮の提供が求められる。対象は行政や学校等、公共機関のみならず民間事業者も含まれ、地域全体での取り組みを再考する時であり、聴覚障がい児の分野においても新たな時代の幕開けとなる。この時期に寺子屋の取り組みを見直す意義を感じるものである。

Ⅱ. 寺子屋の概要

寺子屋は、2010年6月より開始し、主宰者・講師は聴覚障がい者のKさんである。週3日、Kさんの自宅を開放し国語、英語、数学の3教科の学習の機会を提供している。その他、夏合宿、講演会、クリスマス会、お別れ会等、定期的にイベントを開催し交流の機会も設けている。

対象となる生徒は中学生、高校生で全員聴覚に障がいがある。ろう学校に在籍する生徒と地域の学校に在籍する生徒、それぞれが通っている。生徒は那覇市、浦添市、南風原町、八重瀬町と沖縄県の中南部から通っ

ている。

　学校終了後、17時〜18時頃に寺子屋に到着し20時頃まで勉強し、親の迎えを待つ時間におしゃべりをして、帰宅する。これまで11名が在籍し、2016年3月末現在で7名が卒業した。

　当初は沖縄県の外郭団体から助成を受けていたが、2013年7月に助成が無くなり生徒・保護者からの月謝で運営されている。

　主宰者のKさんの事情により2016年3月末で約6年間の活動を休止することになった。本稿は寺子屋の軌跡の報告である。

Ⅲ．沖縄における聴覚障がい児教育

　沖縄県教育委員会（1983）、儀間（1985）によると、沖縄の聴覚障がい児教育の始点は明治時代に遡る。明治40年、渡慶次尋常小学校（読谷村）にて、与那嶺惟俊校長が校区内の視覚・聴覚障がい児を同校に招いた。大正13年には、鹿児島県出身の田代清雄氏が私財を投じ、那覇市若狭に私立沖縄聾唖学校を設立した。昭和6年には、沖縄県立代用沖縄聾唖学校として認可され、昭和18年には沖縄県立盲聾唖学校となり、昭和20年の沖縄戦が激しくなるころまで続いた。

　戦後は、昭和26年に那覇市首里石嶺の沖縄厚生園にコンセット2棟からなる沖縄盲聾唖学校が設立された。その後、琉球政府立となり、昭和34年に琉球政府立沖縄聾学校と琉球政府立沖縄盲学校に分離する。

　横山（2013）によると、1964〜65年に沖縄で風疹の大流行があり、約1,300名が罹患し、約400名の風疹による聴覚障がい児が誕生した。教育委員会、「風疹による聴覚障害をもつ親の会」、県外の有識者の協力により北部、中部、南部の主要地域の小中学校や沖縄高校（現、沖縄尚学高校）に難聴学級を併設することや単学年のみの北城ろう学校を設立するなど、積極的に聴覚障がい児の教育が取り組まれた。風疹による聴覚障がい児の中には大学進学を実現する者もいた。風疹による聴覚障がい児の様子は難聴学級の在籍者数（図1）にも表れ、風疹による聴覚障がい児が中学を卒業する1977年には、大幅に減少している。

　一方で沖縄ろう学校（2000）等によると1980年代より、ろう学校から

地域の学校へ進学する聴覚障がい児が増加しており、地域の学校（難聴言語学級や一般学級）の中での教育が行われるようになったと考えられる。この時期にろう学校から地域の学校へと聴覚障がい児の進学、いわゆるインテグレーションは進んだのである（図1参照）。

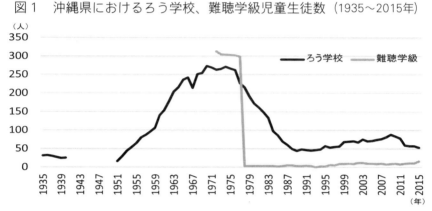

図1　沖縄県におけるろう学校、難聴学級児童生徒数（1935～2015年）

出典：沖縄県教育委員会（1983）、儀間真勝（1985）、
　　　沖縄県立ろう学校（2000）、沖縄県（1972-2015）

　しかし、横山（2007、2011）[1]は、地域の学校で学ぶ聴覚障がい児が、音声情報から疎外され、勉学のみならず人間関係構築に困難をきたしていたことを指摘し、必ずしも聴覚障がい児が地域の学校で満足に学べたわけではなかったことを明らかにしている。
　難聴言語学級に携わる教員による研修会は毎年行われ、活発な活動がなされているが、地域の学校での聴覚障がい児への教育についてのまとまった資料はあまりない。さらに、ろう学校にも難聴言語学級にも在籍しない聴覚障がい児の状況は、ほとんど分からないのが現状である。
　一方で、学校教育以外の地域における聴覚障がい児の教育については、ほとんど取り組まれてこなかった。聴覚障がい児の親と子どもを対象とする「沖縄県聴覚障害児を持つ親の会」の活動や成人聴覚障がい者を対象とした「沖縄県聴覚障害者協会」、「沖縄県難聴中途失聴者協会」は長年活動を続けているが、聴覚障がい児の教育を対象とした取り組みはほとんどなされてこなかった。

その意味でも、寺子屋の取り組みは沖縄における聴覚障がい児への教育の側面からも、地域の居場所の側面からも新たな取り組みといえよう。

Ⅳ．沖縄県内の聴覚障がい児数

2015年度の学校基本調査（沖縄県教育委員会 2015）によると、沖縄県内の聴覚障がい児はろう学校に53名、難聴学級に16名、合計69名が在籍している（表1参照）。しかし、この統計にはろう学校の幼稚部に在籍しない聴覚障がい児、小中学校の難聴学級に在籍しない聴覚障がい児、地域の高校に在籍する聴覚障がい児については含まれていない。沖縄県全幼児児童生徒における聴覚障がい児の割合は0.03％であり、先天性の聴覚障がい児の出現率といわれる約0.1％（林 2006）と比べると低く、聴覚障がい児の実数は学校基本調査よりも多いと考えられる。

1980年代から聴覚障がい児が地域の学校にインテグレートするようになったが、地域の学校での実態については、統計上も把握できていない状況がある。それゆえ、地域の学校に在籍する聴覚障がい児のニーズは潜在化しており、地域の学校に在籍する聴こえない生徒の証言は貴重なものである。

表1　沖縄県内各種学校における聴覚障がい児、児童生徒在籍者数
(2015年度)

沖縄ろう学校 在籍		難聴学級 在籍		全幼児児童 生徒数	聴覚障がい児 比率
幼稚部	9	幼稚園・こども園		17,712	0.05%
小学部	18	小学校	11	97,297	0.03%
中学部	13	中学校	5	50,184	0.04%
高等部	13	高校		46,812	0.03%
計	53		16	212,005	0.03%

出典：沖縄県教育委員会（2015）、沖縄ろう学校（2015）

Ⅴ．寺子屋生4名の物語

　2015年11月〜2016年1月にかけて寺子屋に通っている生徒、卒業生、合計4名へ半構造化面接によるインタビューを行った。これまでの人生経験を学校と寺子屋を中心に時間軸に沿って尋ねるもので、幼少期の言語訓練、小中高校での配慮、友人関係、聴覚障がいによる困難、寺子屋での勉強及び友人関係を中心に質問を行った。

　倫理的な配慮として、研究の目的、公表方法、匿名での記述、内容が異なることのない範囲で事実関係を加工することを伝えた。インタビュー時間は1時間〜1時間半で適宜休憩をはさみながら行い、答えたくない、答えられない質問については回答しなくていい旨を伝えた。

　インタビューの際に口話で話す場合はICレコーダーを、手話をメインに話す場合は動画撮影を行い、逐語録を作成した。インタビュー後に逐語記録の確認と修正をしてもらい、協力について承諾書にサインをしてもらった。インタビューの逐語記録と共に連絡帳の引用についても、引用箇所を確認し了解が得られたのちに掲載した。

　引用箇所の文章表現が不自然な場合に、（　）にて語句を補足することや、文章のつながりを考慮して順番を入れ替えるなどの修正を加えている。

	Aさん	Bさん	Cさん	Dさん
性　別	女性	男性	男性	女性
寺子屋在籍年数	約4年	約4年	約5年	約6年
主なコミュニケーション方法	手話、口話、筆談	手話、口話、筆談	口話、手話、筆談	手話、口話、筆談
学校歴	地域校	ろう学校	地域校、ろう学校	ろう学校
補聴器・人工内耳	人工内耳	人工内耳	補聴器	補聴器

Aさん 「自分にとって好きな場所、もっと広めたい」

　Aさんは沖縄県出身、先天性の聴覚障がい者であり、両親は聴者である。幼少期にろう学校の幼稚部で言語訓練を受ける。言語訓練は嫌だったが音声言語を身につけてほしい、という保護者の考えがあった。ろう学校幼稚部では同年代の聴こえない子どもたちと遊ぶ機会も多く、楽しい思い出をつくることができた。学校生活に難しさを感じるようになったのは小学校からである。

　「辛いことは小学校から。辛い経験が始まったみたいな。健聴者の世界に入って、周りの音が雑音のように聴こえてて、すべてが掴めない、掴められない（略）幼稚部の時は身振り。コミュニケーション取っていたので、健聴者（の集団の中）に入ると、口だけで話しているから、あれって。違うなーって。違和感あって、曖昧な感じでした」

　Aさんは地域の小学校に進学した。親学級の教員にゆっくりはっきり話して欲しいと、保護者から学校に配慮を依頼していた。しかし、Aさんは親学級では教員の話が全く分からなかった。
　授業中は隣の人にどこをやっているのか尋ね、周囲のクラスメートの様子を真似しながら追いかけるような状況であった。教科によっては難聴学級で少人数の授業を受けていたが、Aさんとしては親学級で皆と一緒に過ごしたかった。

　「例えば国語の授業の時は、別の区別つける部屋（難聴学級）でやって、特別にクラスメイトと一緒にやる時にクラスの人が『なんでここにいるの？』って『いつもあっちじゃないの』って（言われて）。『なんで、自分がここにいたらいけないの』って（思った）。これが差別だなって。子どもだからしょうがないの、だからかなって」

　中学も難聴学級の併設されている学校に進学した。勉強は難聴学級での個別授業があったためついていけたが、親学級での勉強、特にクラス

メートとのコミュニケーションは容易ではなかった。
　そんな時に寺子屋の存在を知ったのである。聴こえない人が講師として勉強を教えることは聴いたことがなかったので興味を持った。

　「（お母さんから）聴覚障がい者の女性が勉強教えるみたいよって。それが初めて知りました。今まで聴覚障がい者が勉強を教えることは聴いたことないって。（略）興味津々で参加してみようかなって。（略）同じ聴覚（障がい者）だから。そういう人がいたのってビックリしたから。興味持ってて」

　早速、Ａさんは体験入塾し、正式に入塾することを決めた。
　初めの頃は勉強が得意ではなかったが、丁寧に教わるうちに勉強のコツをつかんできた。何よりも寺子屋の友達と話すことが楽しかった。会話はキャッチボールなのだと実感できるものだった。
　Ａさんは当初手話に抵抗感を持っていた。しかし、ろう学校の生徒たちが手話で話しているのを見て、自然と少しずつ覚えていった。手話を覚えることでコミュニケーションの幅が広がり会話が楽しくなった。

　「おんなじ耳聴こえない人と一緒に勉強するのがやっぱり楽しいなって。おしゃべりが楽しくて、時間が忘れるくらい楽しかったです。（略）（ろう学校の）後輩から学校の出来事とか趣味とか、いろいろな話題が飛んできて、自分も嬉しくて。自分から投げて、だんだんキャッチボールなってって」

　当時の連絡帳には、寺子屋の居心地の良さについて書いている。地域の学校では不安なこともあるが、寺子屋はＡさんにとって安心できる場所であるという。

　「ゆいまーる寺子屋は、すっごく楽しくて心地よいです♡
　学校では不安や心配なことがあったりする。塾があると、早く行きたくてこうふんします（笑）。いつまで続くか分かりません。続け（ら

れ）たらいいなと思います」（2011年6月3日）

　Kさんは、Aさんへの返事の中で寺子屋が安心できる場所でありたいことを自身の体験も含めて書いている。

　「私自身も中学や高校に通っていたときは、不安や心配事が多かったからです。学校で、聴こえない生徒は私一人だけだったし…。あまり相談相手もいなかったです。だからゆいまーる寺子屋はみんなが安心して過ごせる場所にしたいと心がけていますよ。これからも一緒に楽しくやっていきましょう〜」

　こうして寺子屋では楽しく過ごせていたが、中学校のクラスでは一方的な会話になってしまい、おしゃべりを楽しむことは難しく、友人関係が深まることはなかった。

　「何ていうのかな、健聴者とは話すのが難しいから楽しくないと思う。（略）一般の学校では何でかな、話し相手が居なくて孤独感感じて、あんまり相手にしてくれなかった。相手が聴いてくれる（の）はあるんだけど、自分が悩みとか話したいこと言って、相手は頷くだけで。『ああそうなんだー』って。ここまでで終わりで、キャッチボール無くて。一回だけで終わりみたいな。ボール投げ取って終わり、みたいな感じ」

　当時の連絡帳にもクラスメイトとのコミュニケーションの悩みともっと友達と話したいことを書いている。

　「私は、障害者としては、（コミュニケーションに）かなり時間がかかります。自分から話しかけても相手からは話しかけてこない。だから学校は楽しくないんです。自分はおしゃべりが好きなのに話してみると相手の話を聞きとれなくて、『もう一回言ってくれる？』って言ってもあきらめてしまう。だから楽しくない！！」（2011年7月27日）

学校で楽しくおしゃべりするために試行錯誤をしてみるが、聴こえる生徒とのコミュニケーションの壁は依然として厚かった。寺子屋に入り聴こえない友達と仲良くなるにつれて、ろう学校の高等部へ進学したい、と考えるようになった。
　しかし、保護者、難聴学級の教員は地域の高校への進学を勧めた。結局Ａさんがろう学校に進学することはなかった。地域の高校には難聴学級もなく、授業中の配慮も「教員がゆっくり話す」、「座席の位置を前方にする」という程度のものだった。中学よりさらに厳しい状況となり、授業内容も分からずＡさんは、学校に行く意味を見出せなかった。

　「まったく分からないからイライラしていた。イライラ。もうこんな授業受けたくないって。悪いこと言っていいですか。
　『何のためにこの授業を受けているんだろうって。先生の説明が分からないのに、意味が分からないから授業を受ける意味がない』と思った。なぜ、一般の高校に行ったのか、ずーと悩んできて、心が限界に来てて、爆弾（爆発）。爆弾（爆発）してもう泣いた、とか。もう、『ろう学校に転校する』ってお母さんに言っていました。で、結局ダメって言われた」

　聴こえる世界の中で苦労していたため、Ａさんにとって寺子屋は大事な場所であった。勉強以上のものを求めており、イベントも楽しみだった。イベントや交流を通じて皆が仲良くなり、時に相談ができるような関係を築きたいと考えていた。大人になってもお互い相談できるような友達でいたかった。

　「勉強だけではなくイベント。みんなと交流するようにイベント開いてって私が一番言ったんです。（略）勉強だけではもったいない、みんな繋がれるように。寺子屋卒業しても、大人になっても相談できる。相談できる相手が居ればいいなって」

　実際にＡさんは、学校での出来事、人間関係や恋愛関係の相談をＫさ

んにしていた。当時の連絡帳には様々な相談が書かれている。Ｋさんも聴覚障がい者として自身の経験を踏まえ、相談に応えている。時には相談の文章量よりもＫさんの返事の方が長くなることもある。

　「もう高校生活って人間関係はうまくいかないなー。女子にも。クラスの人々はあっちこっちうまくいっているみたいだけど、うちは全然うまくいっていない」（2012年6月11日）

この相談にＫさんはこう答えている。

「多分、クラスの人達はＡさんの本当の姿を知らないのですね。Ａさんはもっと皆と話したい、つながりたいと思っている。（略）でも『おとなしい子』だと思い込んでいるのでしょうね。（略）Ａさんは今、色々なことを我慢していると思います。我慢ばかりするよりも、やりたいことを今やった方が良いですよ。そうしたら、人間関係のこともどこかで答えを見つけられるかもしれません。応援しています」

　Ａさんは聴こえない同性の先輩であるＫさんに相談することが心の支えになった。連絡帳に書かれるＫさんからの返事も楽しみだった。そしてＫさんのようになりたいとも思った。

　「少しずつ（文章が）書けるようになってきて、私はうれしくなりました。（略）私は文章は下手だった。Ｋさんが文章を直した所を覚えて、書けるようになったと思います。（略）Ｋさんの意見を読むのが好きです。なぜなら、意見を聞かせて（くれて）うれしくなるからです」
　　　　　　　　　　　　　　　　　　　　　　　　（2012年2月17日）

　Ａさんは、地域の学校に通う聴こえない生徒にとって、寺子屋のような場所は必要だという。聴こえる生徒との人間関係で上手くいかない時、地域に聴こえない生徒が安心して過ごせる場所があることは学校生活の支えになるという。家族であっても聴こえないことに関わる困難は理解

できないことが多いのである。

　「地域の小学校から高校の中に、聴覚障がい者いるので、ろうの世界の寺子屋で勉強する場所、必要だと思いますね。(略)(聴こえる人たちの中でやっていくのは)大変ですね。本当は大変。いじめはあってはなかったんだけど、からかわれたことはあるんだけど、自分は負けない。自分としては負けたくないから言い返したことがある『うるさい』とか。負けたくないという気持ちを出す（ことが）出来ない子どももはいると思う。(略)親は聴こえる人だから、聴こえないことの難しさを全部分かるわけではないから、寺子屋で悩みを相談していました」

　大学に入学し、講義にノートテイクがついた。そのお陰で教員の話す内容を理解できるようになった。それとともに小中高校で受けてきた教育環境について振り返るようになった。情報保障の大切さを痛感したAさんは、小学校の頃から情報保障を受けられるようにするべきだと考えるようになった。自分と同じような苦労を後輩たちにはさせたくない、と考えるようになったのである。

　「大学のノートテイクみたいに。(大学以外でも)ノートテイクあったらいいのになって。大学に入ってからは理解したんです。こういうのがあったらいいなあって。未来のために小学校中学校高校も、聴覚障がい者がいたらノートテイク進めてほしいなって思って。皆と一緒に（勉強）できるように」

　Aさんは大学の映像制作の授業で寺子屋をテーマに映像を作成した。寺子屋のことを広め、全国各地の聴こえない中高生とつながりたかった。日本聴覚障害学生高等教育支援ネットワーク[2]の全国シンポジウムに参加し、全国の聴こえない学生と出会ったことも大きかった。全国で聴こえない学生の支援活動が行われているように、寺子屋のような場所も全国各地にあるかもしれないと思ったのである。
　Aさんの作品は高く評価され、映像祭で受賞し新聞やテレビに取材さ

れるほどであった。

　寺子屋の日々を思い返すと、Ａさんにとって寺子屋は家族のような場所だという。後輩たちは妹、弟、Ｋさんとパートナーは母親と父親のようだという。卒業する生徒は１人暮らしのために家を出ていくイメージだ。それほど、聴こえない中高生が安心してコミュニケーションが取れ、楽しくおしゃべりができる場所は大切なのである。

　寺子屋に入塾した頃は、友達と関われるのが単純に楽しかったＡさんだったが、大学で情報保障を経験することで、聴こえない生徒にとっての寺子屋の意義を理解し、周囲にもっと広めたいと考えるようになったのである。

　「寺子屋っていう場所は、うん、自分にとっては好きな場所」とＡさんは言う。聴覚障がいの当事者として、周囲に発信できるまでに成長したＡさんの今後の活躍に期待している。いつかＡさんもＡさんなりの「寺子屋」をつくる時が来るであろう。

Ｂさん 「第２のお家、マイホームみたいな場所」

　Ｂさんは沖縄県北部出身、聴者の家庭で育つ先天性の聴覚障がい者である。幼稚部から高等部までろう学校で過ごし第１言語は手話だが、口話も使いながらコミュニケーションをとっている。家族でのコミュニケーションは母親とは簡単な手話を使い、他の家族とは口話が中心である。
　ろう学校の幼稚部での言語訓練は楽しいものでなく泣きながらであった。「健聴の幼稚園は遊んでいるけど、ろう学校は何時間も練習だからもう嫌で泣いていました」という。
　それでも、聴こえない同級生と縄跳びをしたり、ヒーローごっこをしたり、楽しい日々だった。小学部の頃は図書館で小説や漫画を読むことも楽しかった。体育も好きだったが勉強は苦手だった。掛け算の理解にも時間を要し、居残りの補習もあったという。
　中学部の頃は友人関係も良好ではなく、休日は自宅でゲームやパソコンをして過ごすことが多かった。そんな時に母親から寺子屋のことを聴いた。聴こえない人が塾を主宰していることに驚き、興味を持ったのである。

　「ろう者にあった塾があるよって。先生はろう者だって。びっくりして、今まで聴いたことがない。興味をもって入りました。（略）塾っていったら健聴者がやっている。ろう者が塾やっているって聴いたことないから。（略）行ってみたらお家みたい。えっお家みたいな塾があるのって。ごめんなさい、冗談。でも、寺子屋通うのがとても楽しみだった」

　Ｂさんは、体験で訪問した際に歓迎されたことが嬉しかった。家庭的な雰囲気も気に入った。そして教え方も分かりやすかった。絵を描いてポイントを押さえてくれるので、概念のイメージが掴みやすかったという。Ｂさんはこれまでに地域の塾に通ったことがあったが、聴者の先生に聴者の子どもたち、という環境に馴染めなかった。コミュニケーションが取れずに塾は続かなかった。

寺子屋にはろう学校の友達も通っていたためすぐに慣れた。手話が使える環境だったこともあり勉強そっちのけでおしゃべりが止まらなかった。おしゃべりを注意されるくらい寺子屋の居心地が良くなった。

「初めての僕にも歓迎してくれてとても嬉しかった。初めて手話で教えてくれるところ。（略）教え方、とても分かりやすい。学校と違って分かりやすい。数学、英語、国語少しずつ上がりました。数学のマイナス１、プラス１っていうのをイメージ出来なかったけど、絵を描いてくれたから、初めは分からなかったけどイメージが出来た。（略）（地域の塾に）行ったことありました。けど合わなかったんです。周り健聴で、先生も健聴でお母さんに辞めたいって言いました、話すのも早くて分からない。（略）
勉強だけだったら話すのは少ないけど、寺子屋だったら話す回数が増える。笑ったり、友達と一杯いろんな話をして、勉強が集中できなくなる。『ストップ』って言われて。（略）多分本当の僕は寺子屋の場所にいたら無敵。話しだしたら止まらない。特にここが本当の自分がいられる場所」

Ｂさんは勉強のこと、人間関係、聴こえる人とのコミュニケーション等様々な相談をＫさんにしている。手話が使えることも安心感をもたらし、悩みを打ち明けることができた。当時の連絡帳には様々な相談が書かれている。

「最近勉強をすると苦しいと感じてます。頭が痛くなるし、（略）勉強ってうるさすぎくイライラする。解けないから面白くない。（略）勉強は何だろう？と思ってます。本当に役に立つのか？疑問に持っています。勉強しないと後悔するの分かりますが、どうしてもモヤモヤします。どうしたら、モヤモヤを消したらいいでしょうか？？」（2014年２月28日）
「健常者の友達がいなくて、健常者が怖い（わけ）じゃないけど、何て言うか、話題を合わせて話すのが難しい。（略）やっと健常者の恐怖

を克服したのに(何を)話せばいいか分からなくて疲れた。(略) 健常者と友達の輪を広げたいと思います」(2012年10月26日)

　Bさんは勉強が出来ない苦しさや、聴こえる人とのコミュニケーション、学校での人間関係、部活の相談等、様々な悩みを連絡帳の中で打ち明けている。Kさんは経験を踏まえ返事を書いている。

　「あなたに伝えたいことは『健常者』と『障がい者』を比べる必要はないということです。(略) 私も健常者の友人は何人かいますが、最初から「健常者の友達を作ろう」と思っていたわけではありません。(略) たまたま知り合って、少しずつ話すようになって、気がついたら友達になっていたということです」

　Bさんにとって、ろう学校以外でも友達と手話を使っておしゃべりも相談もできる環境は居心地が良かった。心の落ち着く場所だった。勉強も分かりやすく個別で教えてもらえるので学校とも異なる良さがあったという。

　「皆と共有しながら勉強しやすい。ただおしゃべりしてしまう(笑い)。皆と話し合ったり、講義を聞いたり色々な事を教えてもらえる寺子屋です。(略) 絵と文字と手話と筆談で教えてもらえるのでとても分かりやすくて解けやすい。(略) 夏休みの合宿やお泊まり会など、色々なイベントが楽しくてワクワクします」(2013年1月17日)

　ろう学校との違いもBさんなりの視点で感じていた。勉強においても、イベントにおいても生徒たちにある程度任されていたことがやりやすく、自分を出すことができた。

　「ろう学校は先生たちがたくさんいるから本当の自分でいられない。ルールとかとても厳しい。マナーもしっかり絞られて、本当の自分でいられないと思った。寺子屋はルールはあるけど最低限。マナーも最

低限。みんな本当の自分でいられる場所。
　あと、塾なのに勉強して終わりじゃなくて、イベントとか泊まりに行くのがあって、自分も成長できる。(略)高校3年の夏の最後のイベント、夜の余興で魚をすくう踊りみたいな罰ゲームでやって、面白かった。(略)ゲーム、あれが一番興奮する」

　Bさんはろう学校の教育環境にも疑問を持っていた。ろう学校にはろう者の教員、手話のできる教員がもっといて欲しい、聴こえない生徒が安心してコミュニケーションができ、勉強のできる環境であって欲しい、と常々思っていた。そのため、手話のできない教員の赴任や手話のできる教員の短期間での異動は避けてもらいたかった。

　「手話を積極的に使ってくれて良かったけど、やっぱり使えない先生もいた。手話をいっぱい教えてもすぐに代わってしまうから、何とかしてほしいなって思っていた。(略)（ろう学校に）ろうの先生はたった一人。他は健聴の先生。ろうの先生一杯来てほしいなって思う」

　Bさんは勉強に苦手意識があったため、寺子屋で分からないことが認められることも安心できる要因だった。

　「勉強は分からないと馬鹿にされることもあったけど、ここは馬鹿にされない。真剣に教えてくれる。学校の時、先生から馬鹿にされた。『こんなことも分からないの』って言われて、悔しい気持ち」

　高等部卒業後は進学か就職か悩んだが、就業体験を行った企業に就職した。聴覚障がい者が働いていることもやりやすさを感じ、プライベートの遊びに誘ってもらったことも嬉しかった。「認めてくれた」と感じたという。
　Bさんにとっては、小学生の頃の短期の交流授業以来の聴こえる人たちの中での生活のため、緊張したが、筆談でのコミュニケーションや会議の際にアイパッドで内容を伝えることなど、配慮もあり順調に社会人

生活を送っている。
　しかし、プライベートでのコミュニケーションは上手くいかない時もある。集団での会話についていくのは容易なことではない。

　「僕の同期と話している時に、皆が盛り上がって、見ても分からないから質問したら『あっ大丈夫、いいよ』って。『えー』って。気になって知りたいのに、自分からしゃべりたいのにショックだった。
　次に同じようなことがあって、また盛り上がっている『何でみんな笑っているの？』って。『あー大丈夫、大丈夫』って（言われて）。『大丈夫じゃないよ、分からないからきいているよ』って言ったら、『分かりました』ってしぶしぶ書いてくれて、『ああ』って笑ったら、みんなも『あああ』って、ちょっと温度差が」

　日常のコミュニケーションのすべてが上手くいっているわけではないが、Ｂさんは仕事にも慣れ、任されている仕事もこなせるようになった。会議の不安もあるがさらに多くの仕事に挑戦したいと考えている。

　「もっとやりがいのある仕事をやりたい。今の仕事は少ない。パソコンでやって、データ入力して、ちょっとね、やりがいが少ないなって。給料よりもやりがいのある仕事の方がいいなって。（略）僕は耳が聴こえないので、会議できるかなってやっぱり不安もある。会議だと早く決めないといけないって。『えっ何？』ってきいたら時間が遅れてしまうからちょっと不安がある」

　Ｂさんにとって、寺子屋は第２のマイホームのようであった。コミュニケーションが保障され、自分が認められる。そして同年代の友達に出会える場所はＢさんに落ち着きをもたらした。家庭、学校以外に第２のマイホームを持つことが支えになる。

　「僕にとって寺子屋は、人生を変えてくれた第２のお家、居場所、マイホームみたいな。Ｋ先生が親（のように）になって悩みを聴いてく

れて、手話も使ってくれて友達もいて、(略) 学校から寺子屋に戻ると落ち着いた」

　勉強、聴こえる人とのコミュニケーション、人間関係等、試行錯誤しながらだったが、Ｂさんは４年半、寺子屋に通い続けることができた。そして、Ｂさんは１年間の働きが認められ、２年目から正規雇用の社員として働くことになった。寺子屋のイベントにてＢさんが報告すると拍手が起こった。後輩もＫさんもろう学校の教員も皆、Ｂさんの活躍を喜んだ。
　社会人生活において、コミュニケーション面での試行錯誤はこれからも続くと思うが、社会の中で役割が与えられていることは大きい。そして、寺子屋に変わる第２のマイホームも見つけることだろう。Ｂさんの今後を見守りたい。

Cさん 「寺子屋は様々な人に出会えるところ」

　Cさんは沖縄県出身、聴者の家庭で育つ先天性の聴覚障がい者であり、身体的な特徴を伴う。障がいの程度は中度であり口話を第1言語とし、手話は必要に応じて使っている。家族とのコミュニケーションは口話である。
　幼少期にろう学校の幼稚部で言語訓練を受ける。行事や遊びは楽しかったが、言語訓練は大変だった。ろう学校では教員と家庭では母親と言語訓練を行い、よく泣いていたという。ろう学校の幼稚部に通いながら地域の保育園にも通っていた。小学校は地域の小学校へ進学した。小学校での配慮は、教科によって難聴学級で学ぶことと前方に座ることであった。前方に座ることは大きな効果はなかったという。

　「前に座っていたけど、今気づいたけれど、それちょっと意味がないなって。（略）今の自分だったら、そのまま親に言って、ちょっと配慮をお願いしていたんだけど、やっぱり小学校6年生だと、そこまでは考えていなかった。多分仕方ないなって印象だった」

　地域の中学校に進学した。補聴器のことや身体的な特徴のことでからかわれないか、緊張し教室への一歩が踏み出せないこともあった。しばらくは順調に学校生活を送っていたが、6月頃から厳しいものになる。皆を笑わせようとした行動がからかいの標的になってしまう。

　「自分ちょうどウケを狙っていたんですよ。笑わせようと思って。『やー（お前）調子乗るなよ』って言われて、そこから障がいのことを言われて、（略）だんだん自分が暗くなり始めていく。（略）周りを気にし始める。ちょっと何もしゃべらず一人ポツンと孤立しているような日が多かった」

　いじめの標的にされ別室に呼び出されることや、教科書が破られることもあった。職員室や特別支援学級が落ち着ける場所だった。

Cさんの聴力は比較的高いが、ところどころ聴こえないところがあり友達の会話に入ってもついていけなかった。

　「みんなと自分から話すんだけども、何とか（会話に）入りたいって気持ちが一杯あって、入ったのはいいけど結局何の話をしていたのか分かんなくて、あっちは盛り上がっていて、自分はついていけなかった。今、こういうゲームが流行っているんだよねっていう程度で、詳しく話すけどスピードがついていかない」

　中学校生活に馴染めないでいる時に寺子屋のことを知った。聴こえない子どもを持つ母親同士のネットワークで知ったのである。一度見学に行き、すぐに入塾を決めた。

　「『耳の聴こえない先生が塾やるってよ、教えてるらしいよ』って。そこにはろう学校幼稚部の時の懐かしいメンバーがいるみたいよって。これはさすがに救いだな。救いの助け舟、救いだった。（略）迷いはなかった。ここだって」

　入塾当時、自己紹介の文章では聴こえのことを書いている。
　「ぼくは、生まれたときから、耳がきこえません。なぜかというと、生まれつきだからです。（略）しゃべるときは１人ずつしゃべってほしいです。よろしくおねがいします」（2011年４月４日）

　Ｃさんは中学校で嫌な経験をすることが多かった。発音がハッキリしているため周囲のクラスメイトもＣさんの聴こえの困難さに気付いていなかった。例えば、以下のような出来事があった。

　「音楽の時に、Ｇくんという人が、何か他の人と、自分のことをブツブツ話していました。自分が座っていた席は、前から三番目なので、相手が何を言っているのか聞こえなかったです。自分にＧくんが質問してきました。

『おい～～～だけど～～？』(『～』は聞こえなかったので分かりません)
　僕は『何て言ったの？』と聞いたのですが…
　Gくんは、『はい、始まったー、聞こえないふりしているー』って、言っていました。
　正直、何て言ったかを教えて欲しいけどネ」(2011年12月12日)

KさんはCさんの経験に心を痛めるとともに、嫌なことを言ってくる友達には近づかないことをアドバイスしている。また、別の相談に関連して聴こえについて説明することも提案し、寺子屋は安心して過ごせる場所であることを伝えている。

「クラスメイトの皆の前でCさんの『耳のこと』について説明してはどうですか？　(略)　みんなは耳のことがよく分からないのだと思います。(略)『今すぐに』でなくてもいいです。『いつか』話せたらいいですね。それから、私は、ゆいまーる寺子屋はCさんにとって安心できる場にしたいと思っています。一緒にやっていきましょう」
(2011年2月25日)

Cさんは口話のみで話していたため、当初は寺子屋の他の生徒とコミュニケーション面でのトラブルもあった。しかしだんだん手話も覚え筆談も使えるようになった。手話を覚えることに抵抗は無かった。

「何ていうの、自分やっぱり孤独だったから、やっぱり身近で話せる友達が欲しかったから、手話とか使って何とか安堵感を求めていた」

寺子屋に慣れてくると、中学校との環境の違いに戸惑った。Cさんが安心して過ごせる環境は聴こえの配慮やサポートのある空間であった。

「やっぱり普通学校に行ったら、また手話がない環境、こっち(寺子屋)に来たらろう学校とは違うんだけど手話がある環境で、そこで戸

惑うことはあった。中学校に手話通訳がいたらいいなって、筆談のサポートがあったらいいなって思った。(略)寺子屋が終わるたびに、また嫌な中学校に通うのかって。ちょっと中学校の、またあの孤独感に戻るのか、寂しいなもっと居たいなって、ちょっと寂しかった」

　Cさんは、寺子屋で学ぶ中で高校進学の方向性が見えてきた。地域の高校よりも聴こえに配慮があり、少人数で学ぶろう学校のほうが安心して学べると考えたのである。
　当時の連絡帳に「寺子屋は、聴覚障害のある子をしどうしてくれる。(略)Kさん寺子屋を設立してくれてありがとうございます」(2012年10月22日)と書いている。少しずつ学びの方法と人間関係の作り方が掴めつつあった。
　こうして、Cさんはろう学校高等部に進学した。幼稚部の時以来の聴こえない世界、最初は緊張したが「お帰り」「心配することないよ」という様子で迎えられたことで安心できた。
　勉強も少人数で防音効果もあり、集中できた。友達との会話でも筆談、指文字、手話、と次第にコミュニケーションの幅を広げていった。

　「最終的に(ろう学校に)慣れたのが6月位かな。苦労しました。手話を覚えようって必死で頑張って。(略)最初は手話が早い。ちょっとそこにぶつかるところもあるけども、だんだん見てきた。(略)
　まずは指文字。挨拶を覚えて、みんながしゃべっている様子を見て、ちょっと覗いて、こういうのやっているんだって、慣れた。(略)(Cさんの)おしゃべりが早いから『手話覚えてくれ』って言われた。その時は手話を使えなくて、ばーーって口だけ。あとは筆談。もう真剣に受け入れようかなって」

　高校からは、ろう学校と寺子屋が中心の生活となり、Cさんも安心して学校生活が送れるようになった。卒業後の進路として大学進学を意識するようになる。寺子屋のイベントに通訳者やボランティアとして聴覚障がい学生支援に関わる大学生が参加することも大学進学の気持ちに影

響を与えた。

しかし、ある程度聴こえ、音声言語も使うＣさんにとって聴こえる人と聴こえない人の間で立ち位置が難しいこともある。ろう学校で手話のできない教員から通訳を頼まれることもあり、複雑な思いはぬぐえない。プライベートで通訳をすることと、学校で通訳をすることは異なり、教員が通訳を含めて担うべきだと考えている。

「健聴者でもない、ろう者でもない。未だにはっきりとした立ち位置が分からない。ろう者でいいのか、ちょっとした悩みはあります。（略）学校の先生にとっては通訳をしてくれて助かるって。新しく来た先生にとっては手話も出来るから『通訳をお願い』って頼むんです。通訳してて申し訳ない気持ちに。みんなどう思っているんだろうって。自分が通訳してもいいのかなって、気持ちがある。（略）

友達と遊びに行ったとき、健聴者が言っていることを通訳すると、助かるって言われる。（略）でも学校だったら先生がやるべきなのに、何で聴こえるからってお願いするんだろうって。先生が手話覚えなさいよって言いたい。（略）少しでも（先生が）努力してくれたら助かります」

寺子屋には大学生や社会人など様々な人の訪問があり、普段会えないような人に会えることにも魅力を感じている。Ｃさんも卒業後も寺子屋に顔を出したいと考えている。

「寺子屋は有名人に会えるところ。大学の先輩とか会えるから。芸能界の世界ではないけども、華やかな場所だなって。ろう学校の先生も来やすい感じ。昨日も来ていた。自然に馴染めているからいい場所だなって。（略）最初は（人が来るのが）ちょっと苦手だったんだけど、慣れた慣れた。来るたびに今日は誰々がいらっしゃいますって、いつものように自己紹介があるんだなっていうのが予想できるから、人が来るのが楽しくなっている。今日は誰が来るんだろうなあって。だから、卒業した後も何かイベントがあったら参加したい」

Cさんはすっかり落ち着き、ろう学校でも認められるようになった。皆から「学校に必要な人」と言われたことが嬉しかった。

しかし、就業体験で聴こえる人たちの中で過ごすと、コミュニケーションの難しさがあり、孤独を感じるものだった。そんな時に寺子屋で友達に会えることは安心できるものだった。

「今日は、皆と会えて嬉しいです。寺子屋で皆と会うと安心します。就業体験の時は、健聴者の人と仕事をするので孤独です…。でも、これが社会に出たら当たり前だということを自覚して、日々頑張っています」 （2013年11月11日）

Kさんは、ろう学校卒業後にCさんが聴こえる世界に出ることを想定し、コミュニケーションについてのアドバイスをしている。

「高校を卒業したら、Cさんは再び健聴者社会に戻ることになります。就業体験はその予行練習だと考えて下さい。どうやったら、健聴者の中で安心して働けるか？勉強ができるか？コミュニケーションができるか？筆談を活用することをおすすめします。自分にとって安心できるやり方を探そう」

こういった社会的な背景を踏まえて、寺子屋のように聴こえない人が安心して過ごせる場所が那覇のみならず中部、北部にあるといいという。聴こえない人が講師を行っていることも重要である。自身の経験を踏まえて相談に応じてくれ、アドバイスをしてくれることに説得力があるという。

「（聴こえない人が講師なので）いろいろ経験していることを教えてくれる。必要なことを。聴こえる人は指導書通りにやっている感じ。でもこっち（寺子屋）は指導書じゃなくて、自分でつくった指導書でやっている。教科書会社が作る指導書もあるけども、自分が作る指導書もある。これが違う」

Ｃさんは４月から大学へ進学する。聴こえる世界で学ぶことは中学校以来である。聴者でもなくろう者でもない、と自分のアイデンティティが定まらず不安もあるだろう。しかし、ろう学校や寺子屋で学んできた情報保障の使い方や、聴こえる人との付き合い方を実践する時である。多くの先生や友人との出会いの中で自分の障がいを見つめ直すことができるであろう。Ｃさんが持っている力を遺憾なく発揮し活躍することを期待している。

Dさん 「勉強が分かるようになった、みんなのおしゃべりが楽しい」

　Dさんは沖縄県出身、聴者の家庭に生まれ、幼少期の疾病の影響で聴覚障がいとなる。幼稚部から高等部までろう学校で育ち、第1言語は手話である。家庭では手話を使える母親と話すことが多いが、他の家族とも簡単な手話と口話でコミュニケーションを取っている。両親はろう学校の手話教室に通っていたという。インタビューの際は手話を映像で撮影し、手話を読み取り逐語記録を作成した。
　ろう学校の幼稚部の言語訓練は決して楽しいものではなかったが、発音練習で使った煎餅をもらえるのが楽しみだった。家庭での言語訓練は父親と行うことが多かった。言語訓練以外は楽しい思い出ばかりである。
　ろう学校の小学部では周囲の友達はごく当たり前に手話を使っており、Dさんも自然と手話を覚え第1言語となった。手話がコミュニケーションの中心だったため、手話が堪能な教員は今でも印象に残っている。友達と親しい関係を築き、時に男子と喧嘩することもあった。Dさんは、穏やかな性格の中に芯の強さを持ち合わせていた。「喧嘩するほど仲が良い」と言われるように、しっかりとコミュニケーションが取れた上での喧嘩であった。

　　「1年から3年までは、男の友達と毎日喧嘩していた。例えば、それは自分のものなのに、あっちが取ろうとしたとか、物を投げたりとか」
　　Q：相手が男子でも引かなかったんだね？
　　「相手も喧嘩が強い。二人とも負けず嫌いだから」

　Dさんは幼少期から習い事を続け、度々入賞するほど技術を身につけることができた。友人関係は、ろう学校が中心だが、習い事を通じて聴こえる友達とも付き合いが続いた。
　ろう学校中学部でも男子と喧嘩することがあったが、友人と遊び楽しい学校生活だった。しかし、勉強内容は難しくなり苦手意識があった。特に英語がお手上げだったという。
　そんな時に、沖縄県聴覚障害児を持つ親の会で寺子屋のことを知るの

である。当初は気乗りしなかったが、体験入塾を経て正式に入塾した。

「親の会でなんか、K先生が、寺子屋のことを配っていた。その時にお母さんとお父さんがこれを見て、耳の聴こえない先生が塾をやるって、勉強を教えてくれることができるよって言われた覚えがある。でも、自分は勉強が嫌いだから『イヤ』って（略）ずっと断っていたんだけど、『体験で』って言われて、『分かった体験で』って」

当初は、1人だけの在籍で心細かったが、ろう学校、地域の学校それぞれに通う聴こえない生徒が入塾するようになり、Dさんは寺子屋に馴染んでいく。何よりも聴こえない人が主宰していることに安心感があった。

「聴こえない人（子ども）達は、普通の塾では何を言っているか分からない時があるから、聴こえない先生がいると手話とか筆談とかで勉強出来るから。（略）ここは聴こえない先生だから、聴覚障がい者にとっては聴こえない先生がいると助かる」

入塾当初の連絡帳に寺子屋に入って良かったことが書かれている。手話のある空間はDさんに安心感をもたらした。苦手だった英語も分かるようになった。

「K先生ってじゅくの先生になって（いて）ビックリしました。だから私もいいなと思って入りました。入って良かったです。手話分かりやすいし、特に英語の教え方がいいです。（略）色んなことを教えて下さいね」 　　　　　　　　　　　　　　　　　　　　　（2010年10月）

Dさんは、地域の学習塾に通ったことはなかった。手話のない空間で学ぶことは難しく、地域の塾に通うことは考えていなかった。
　高校進学の際は、聴こえる友達と同じ地域の高校への進学も考えたが、成績やコミュニケーションの難しさを考え、ろう学校高等部に進学する。悩んだ末の決断であった。

連絡帳にも地域の高校とろう学校高等部と、進学先に悩む様子がうかがえる。ここでもコミュニケーションの悩みが最も大きかった。

「私は今、高校はどこへ行こうか迷ってます。なぜなら、授業中に先生が黒板に何かを書きながら話すので口が見えない。コミュニケーションは、わかる場合やわからない場合があり困る。(略) ろう学校高等部は手話を使って授業ができる。(略) 普通学校の場合、やっぱり問題はコミュニケーションだと思います」(2011年10月31日)

ろう学校高等部に進学しＤさんは、生徒会活動、部活動、修学旅行と様々な学校行事で中心的な役割を担い、人望も厚く活躍した。しかし、手話のできる教員が数年で異動してしまうなど、手話のできない教員が多くなったことに困ってしまった。

「(手話のできない教員が多くなり)初めは困っていた。みんなは手話が出来る先生が来てほしいとか、言っていた」
Ｑ：手話のできない先生の時はどうするの？
「口話でやっていたけど、分からない時は黒板に書いていた。(手話が)分からない時は、みんなで教える」

高校卒業後の進路について、Ｄさんは漠然とだが大学進学を考えていた。寺子屋に大学生がボランティアで来ることも大学を身近に感じるものだった。苦手だった勉強もコツコツと取り組むことで成績も伸びた。そして、晴れて大学進学が決まったのである。寺子屋に約6年通ったおかげだという。

「寺子屋続けていなかったら、今でも勉強悪かったと思う。(略) 長く続けられて良かった。勉強教えてもらえるところがあって良かった。(略) ゆっくり教えてくれる。分からないところは分かるまで教えてくれる。(略) 寺子屋辞めていたら英語も出来なかったと思う。続けられて良かった」

大学には聴こえない先輩、聴こえる先輩、知人も何名かいる。サークルに勉強に様々なことに挑戦したいという。大学生活が楽しみだ。
　Dさんは改めて寺子屋の学習環境を振り返り、聴こえない人が集まることのできる場所は意義があると考えている。そして、聴こえない人の悩みは聴こえる人とのコミュニケーションにあるという。

　「健聴者とろう者を比べて、健聴者の方がたくさんいる。だからろう者は少ないから、ろう者の集まる場所をつくったほうがいいと思う。（略）ろう者の悩みとか話ができるところをつくった方がいいと思う」
　Q：具体的にどんな悩みかな？
　「例えば、健聴者と関わることが一番（の悩み）だと思う。コミュニケーションを取る時が一番困ると思う」

　そして、寺子屋にも課題はあると感じている。
　生徒が増えるにつれて手話が中心の生徒、口話が中心の生徒でコミュニケーションのトラブルもあった。コミュニケーションが上手く取れない時、イライラするのではなく、筆談を使うなどお互いにコミュニケーションの工夫が必要ではないかと思っていた。
　さらに、筆談以外にも手話、パソコンテイクなど様々なコミュニケーション方法が必要になると考えている。手話が出来ない人、口話が苦手な人、各自のコミュニケーション方法を尊重した場づくりが求められる。

　「（口話の生徒の）話すことが分からない時、（他の生徒が）いきなり厳しく怒っているみたいな（ときがあって）。でも、みんなと話（すのも）楽しいし、わからないときは怒らないで、『筆談で書いて』といったらいいと思いました。そしたらケンカがなく、楽しいお喋りができるからいいんじゃないかと思いました」（2012年10月26日）
　「聴こえないから手話使う、手話だけじゃなくて筆談、パソコンテイク、３つを使って勉強する、それが課題かな。（略）聴こえなくても手話が出来ない人もいるから」

聴こえる人とのコミュニケーションのみならず、聴こえない生徒同士のコミュニケーションも様々な試みが必要なのである。これらのコミュニケーション方法が確保されることで皆が楽しく過ごすことができる。Ｄさんにとって寺子屋はろう学校の生徒、地域の学校の生徒と様々な生徒と話せるので楽しい場所である。勉強以外にも夏の合宿も楽しい思い出である。

「(印象に残っているのは) やっぱり夏の合宿。友達と大学生とみんなで海で遊んだり、バーベキューやったり朝までずっと起きて。いろいろあった。(寺子屋のいいところは) みんなのおしゃべりが楽しいところ」

ろう学校とは異なる人間関係、異なるイベントがあり、尚且つ様々なコミュニケーション方法が確保されている、この環境でＤさんは伸び伸びと過ごし勉強に励むことができた。様々な友達と知り合い、楽しいお喋りが出来るようになったことが一番の思い出だ。

「初めての生徒が私だったんだと今も思っているので、仲間を（が）増えてとても楽しい雰囲気になったなあと改めて思いました。（略）約６年間の思い出が沢山詰まっています」(2016年３月11日)

Ｄさんは４月から大学へ進学する。幼稚部から高等部までろう学校で過ごしてきたＤさんにとって、聴こえる世界で学ぶのは初めてのことである。手話を第１言語としつつも筆談を活用する柔軟な発想を持っているＤさんだが、聴こえる世界の中でどこまで実践できるか。聴覚障がいに起因する困難を理解し、ともに動いてくれる理解者を見つけ情報保障を活用しながら自分なりのコミュニケーション方法を見つけてほしい。ろう学校から大学進学を目指す生徒も増えている。Ｄさんのスタイルも後輩たちへ引き継がれていくことを願って。

VI. まとめ、課題、展望
1．聴覚障がい者による企画運営

　寺子屋について、聴こえない生徒へのインタビューを中心に見てきたのだが、いくつか論点を整理したい。
　寺子屋の出発点は、聴覚障がいの当事者であるＫさんの経験と問題意識である。必ずしも満足とはいえなかった大学までの学校生活、そして大学で情報保障を受けることで満足に学び、自身の活躍の幅を広げたことがある。
　聴覚障がい者が共通して経験するコミュニケーションに関する困難を経験しているが、一方で情報保障のある環境で社会経験を積むことにより困難経験を昇華させた。だからこそＫさんは、聴こえない生徒たちの困難経験を経験的にも感覚的にも理解し肯定的に受け止め、その上で解決に向けた具体的なアドバイスが出来たといえよう。
　聴こえない人たちのニーズはコミュニケーションの保障であり、Ｋさんがこだわったことは、誰もが情報から取り残されないような場所の創造であった。Ｋさんも含め皆が共通言語を持ち、その中で聴こえない子どもたちが満足に学び、友達をつくることができたのである。聴こえない当事者が自らの体験とニーズを基に、次の世代を担う子どもたちの学びの場を作ったことは大きな意義がある。

2．地域校の課題

　寺子屋生徒へのインタビューでは、地域校で学んだ生徒が２名、ろう学校で学ぶ生徒が２名であった。学校での経験の質を比較すると、地域校での学校生活に困難がより多く見られた。授業での困難のみならずコミュニケーションが上手く取れずに、クラスの中で孤立してしまうことや、からかいの対象となることもあった。
　同じ喧嘩やトラブルであっても、地域校の場合は聴こえる生徒と聴こえない生徒の上下関係が固定しており、ろう学校の場合は対等な力関係の中での喧嘩であった。地域校では対等な関係をつくる基礎ともいえる、

対等な情報環境が整っていないのである。
　南村（2001 253頁）は、「聴こえない子どもがいつも100％快適に自分をさらけ出して生活できる場であるとは言いがたい」と、地域校の課題を指摘しているように、大多数の聴こえる生徒の中で、聴こえない生徒が聴こえの理解を求め、配慮を依頼することは容易ではない。地域校において、聴こえる人と聴こえない人のコミュニケーションの違いや通訳の必要性を理解し、情報保障について学校内に働きかけられる教職員の存在が求められる。
　しかし、「はじめに」で見たように、地域校における聴こえない子どもの実態は明らかになっておらず、個人が個人としてどうにかやり過ごしている状況が伺えた。ろう学校よりも地域の学校に潜在的なニーズがあると考える。
　地域校での困難経験は横山（2007、2011）における、15～20年前の聴こえない生徒の困難経験と変わっていない現実もある。一方で、横山（2015）で見たように、地域校で情報保障が始まっている例もある。聴こえない生徒が満足に学び、過ごせる情報環境が広がることを願っている。

3．ろう学校の課題

　ろう学校に在籍する生徒、特に手話を第1言語とする生徒は、自分たちと同じく手話を第1言語とする教員を求めているが、2016年3月末現在、県内で聴覚障がい者の教員は1名である。手話を使って生徒たちと向き合い、生徒たちと言語を共有し子どもたちの経験が分かる人として、聴覚障がい者の教員の増員が求められる。聴こえない子どもたちのロールモデルとしての役割も担うことになる。
　また、人事異動のため手話の出来ない教員が赴任することや、手話を使えるようになった教員が数年間で異動してしまうことは、聴こえない生徒にストレスを与えていることも読み取れた。ろう学校における手話の重要性や特殊性に鑑み、教員人事も柔軟に対応すべきであろう。教員と生徒が共通の言語を持つこと、つまり手話があることが前提の学校環境が今まで以上に広がってほしい。

4．地域の学びの場

　地域の学校に通う聴こえない生徒にとっては、安心して学び友達と過ごせる場所として寺子屋は機能し、ろう学校に通う生徒にとってはろう学校では知り合うことのできない聴こえない生徒と知り合い、交流する場所として寺子屋は機能している。コミュニケーション方法、学校が異なる生徒同士が、ともに学び良好な関係を構築できたことは意義深いことである。

　しかし、寺子屋は週3日の限定的な場所であり、聴こえない生徒に関わるあらゆる機能を担うことは難しい。やはり、聴こえない生徒の生活の中心は、家庭であり学校である。寺子屋は家庭、学校で補えない部分を後方からサポートする役割を担っていたといえよう。ろう学校教員との連携や保護者とのコミュニケーションは重要であった。

　勉強が中心ではあるが、生徒は精神的な落ちつきを求めて寺子屋を利用していたこともあるだろう。子どもは様々な場所に関わり、社会経験を積み人間関係を広げていくことで成長していくものである。聴こえない生徒も同様であるが、情報保障がなされた環境であることが前提となる。今まで、この機能を満たす場所が地域に無かったこともあり、家庭、学校に次ぐ第3の居場所として寺子屋は存在していたと考える。

　さらに、寺子屋を疑似的な家庭として感じている生徒も数名いた。金澤（2005）をはじめ、多くの先行研究では、聴こえない子どもの90%は聴こえる親のもとで育つことを指摘している。聴こえる家族の中で育つ聴こえない生徒にとって、家族同士であっても情報に取り残されることや、聴こえないことによる困難が分かってもらえないことがあるのである。それ故、寺子屋を疑似的な家族として感じることがあったのであろう。

5．意思表明の素地

　2016年4月に施行された「障害者差別解消法」では、差別の禁止と共に合理的配慮の提供が求められる。合理的配慮の提供は障がい者本人の意思表明が出発点とされている。しかし、聴こえない生徒にとって意思

表明は容易ではない。満足な情報環境が整っていなければ「分かっていること」も「分からないこと」も分かりえないのである。このような状況の中で育つ聴こえない生徒にとっては、どのような場面でどのようなサポートが必要なのか、具体的に意思を表明することは困難である。

その際に、例えば寺子屋でノートテイクや手話通訳を体験していることは、生徒にとって必要な配慮のイメージを持つことになる。また主宰者・講師が聴覚障がいの先輩として、情報保障を受けながら社会経験を積んでいる経験は大いに役立つであろう。どのような場面に、どのようなサポートが必要で、そのためにどのような依頼をするか、生徒に具体的なアドバイスが出来るからである。

意思表明は個人でなされるものだが、その後ろには多くの人たちの支えがある。寺子屋に限らず障がい者が集まる機会と場所が求められよう。

6．寺子屋の課題と展望

寺子屋は個人の活動として始まったため柔軟に運営することができた半面、Kさんが続けられなくなれば、寺子屋自体が無くなってしまうのである。現に2016年3月末で寺子屋は休止となるが、寺子屋を必要とする生徒は必ず存在するのである。

例えば、沖縄県聴覚障害児を持つ親の会や沖縄県聴覚障害者協会、沖縄県難聴・中途失聴者協会等、関連団体の活動に位置づけ運営することができれば、継続することが出来るであろう。

また、寺子屋は那覇を中心とした活動であったが、聴こえない子どもは中部、北部、離島でも暮らしている。彼ら・彼女らも寺子屋のような地域の場所を求めているであろう。寺子屋の継続とともに県内各地に広めていくことが求められる。

今後の展望として、2つの方向が考えられる。1つは行政が寺子屋の社会的な意義を認め、公的な活動として支援していくことである。もう一方は、学校の中に寺子屋の要素を取り入れることである。当事者が自らの問題意識をもとに教育に携わり、地域に開かれた居場所として学校を機能させ、あらゆるマイノリティのニーズを満たす教育機関として質

的に変化することである。聴こえない子どもたちにとって、既存の教育機関や塾では学びと育ちのニーズが満たせないのである。

　ハードルは低くないが、寺子屋でなしえたことを学校や地域に還元し、社会を変化させていくことが求められる。問われるべきは社会の主流・メインストリームのあり方なのだ。

7．「寺子屋」という生き方

　寺子屋は聴覚障がい者のKさんが自身の経験を踏まえて始めたものである。聴覚障がい者のコミュニケーションの課題は社会的な問題であり、個人では解決の難しい問題だが、当事者が学びの場をつくることによって解決の糸口が見えてきた。このように次世代とともに個人では解決の難しい問題に取り組むことは未来をつくる生き方ではないか、と考える。

　歴史的に沖縄は数多くの困難を経験してきている。しかし、子どもたちに同じような悲しみを経験させたくない、少しでもいい社会をつくっていこうと考え行動してきた先達の姿があった。その姿は寺子屋につながる。

　これからは、あらゆる当事者が自らの経験を大切に未来をつくり始めるだろう。個人のレベルのみならず、公的機関もふくめ、沖縄で芽生えた「寺子屋」という生き方を応援していこう。誰もが当事者として動く時が来るのである。寺子屋が我々に送るメッセージである。

第3節　沖縄の子どもに関する現代的課題　　　加藤彰彦

Ⅰ．沖縄の子どもたちの状況

＊資料①～⑨は「沖縄県子どもの貧困対策計画」（沖縄県2016）からの引用である。

　沖縄の気候は温暖で、しかも周囲を海に囲まれ美しい自然にも恵まれ、この島で暮らす子どもたちは皆素朴で明るいというイメージは多くの人にとって共通のものである。

　しかし、沖縄における子どもたちの実態について調査、研究をする中で、沖縄の子どもたちの暮らしは大きく変化してきているという思いが消しがたいものとなった。

　最近の沖縄の子どもに関する調査資料を取り上げてその内容を見ると次のようになる。

　まず家庭での養育が困難な子どもたちは社会的養護施設に入所して青年期まで成長するのだが、こうした状況の中で暮らしている子どもの家庭状況をみると資料①のようになっている。

資料①　入所施設措置児童
平成26年度入所施設に措置した児童の徴収金階層区分

徴収金階層	児童養護施設、児童自立支援施設、乳児院、ファミリーホーム、里親の合計	
A階層（生活保護世帯）	134世帯（24.9％）	90.1％
B階層（住民税非課税世帯）	351世帯（65.2％）	
その他	53世帯（9.9％）	
合　計	538世帯（100.0％）	

出所：沖縄県児童相談所資料

社会的養護施設とは、児童養護施設、児童自立支援施設、乳児院、ファミリーホーム、里親などだが1年間で539世帯がこうした施設で養育されている。
　そのうちA階層（生活保護世帯）とB階層（住民税非課税世帯）の合計が90.1％に及んでいる。つまり、経済的に厳しい状況の子どもたちの多くが社会的養護施設の対象となっているということである。
　またドメスティックバイオレンス（DV）の相談を受けた人の数がこの10年余りで急上昇しており、人口10万人以下に61人であった（平成17年度）時代から、185.3人（平成26年度）に増加し、全国的にも13位から3位に上がっている。
　家庭内の不安定要素が急激に増加していることがこの変化からは見えてくる（資料②）。また10代の婚姻率（資料③）は、全国の3.4％の倍の6.6％となっている。さらに10代の出生数と出産率（資料④）も426人（2.6％）と全国1位となっている。

　この傾向は、30年余り変わっていないが、若年出産は沖縄の子育ての特徴になっていることが分かる。
　こうした背景の中で、小中学校の不登校生徒数（資料⑤）を見ると、小学校で453人、中学校1,617人となっている。

資料②　DV相談件数
DV相談件数、人口10万人当たりの件数

		平成17年度	平成22年度	平成26年度
DV相談件数	沖縄県	827	1,403	2,615
	全国	52,145	77,334	102,963
10万人当たりの件数	沖縄県（全国順位）	61.0（13位）	101.5（10位）	184.0（3位）
	全国	41.3	76.2	94.6

出所：「配偶者暴力相談支援センターにおける配偶者からの暴力が関係する相談件数等の結果について」（内閣府）
　　　「国勢調査」（総務省）、「人口推計」（総務省）

資料③ 若年層の婚姻
若年層の婚姻率

		平成25年
～19歳婚姻件数	沖縄県	269人
	全国	10,135人
10代婚姻率	沖縄県	6.6%
	全国	3.4%

出所：「人口動態調査」（厚生労働省）
「国勢調査」（総務省）

資料④ 10代の出産
10代の出生数と出産割合

		昭和61年	平成2年	平成7年	平成12年	平成17年	平成22年	平成26年
10代の出生数	沖縄県	500人	484人	265人	663人	468人	439人	426人
	全国	17,707人	17,496人	16,112人	19,772人	16,573人	13,546人	13,011人
10代の出産割合	沖縄県（全国順位）	2.5%(1位)	2.8%(1位)	3.2%(1位)	4.0%(1位)	2.9%(1位)	2.6%(1位)	2.6%(1位)
	全国	1.3%	1.4%	1.4%	1.7%	1.6%	1.3%	1.3%

出所：「人口動態調査」（厚生労働省）

資料⑤ 小・中学校における不登校の状況
小・中学校の不登校児童生徒数、千人当たりの不登校児童生徒数

		平成11年度	平成16年度	平成21年度	平成26年度
小学校の不登校児童数	沖縄県	458人	304人	353人	455人
	全国	26,047人	23,318人	22,327人	25,866人
児童千人当たり	沖縄県（全国順位）	4.2人(11位)	2.0人(28位)	3.5人(17位)	4.6人(12位)
	全国	3.5人	3.2人	3.2人	3.9人
中学校の不登校生徒数	沖縄県	1,758人	1,139人	1,389人	1,617人
	全国	104,180人	100,040人	99,923人	97,036人
生徒千人当たり	沖縄県（全国順位）	29.0人(7位)	21.5人(41位)	27.0人(27位)	32.0人(5位)
	全国	24.6人	27.3人	27.8人	27.6人

出所：「学校基本調査」（文部科学省）

そして気になるのは、高等学校の不登校生徒数と中途退学者である（資料⑥）。高校の不登校生徒数は1,334名で全国第2位。さらに中途退学者数は1,144名で全国1位となっている。
　社会人になるために入学した高等学校で、学校を休み、中退してしまう生徒が毎年100名前後いるという現実は厳しい。

資料⑥　高等学校の不登校・中退者の状況
高等学校の不登校生徒数、中途退学者数

		平成18年度	平成22年度	平成26年度
不登校生徒数	沖縄県	1,068人	1,381人	1,334人
	全国	57,544人	55,707人	53,154人
生徒千人当たり	沖縄県 （全国順位）	21.0人 （7位）	28.2人 （2位）	28.2人 （2位）
	全国	16.5人	16.6人	15.9人
中途退学者数	沖縄県	1,081人	866人	1,144人
	全国	77,027人	55,415人	53,403人
中途退学率	沖縄県 （全国順位）	2.1% （－）	1.8% （9位）	2.2% （1位）
	全国	2.2%	1.6%	1.5%

出所：「学校基本調査」、「児童生徒の問題行動等生徒指導上の諸問題に関する調査」
（文部科学省）

　また不良行為のため少年補導を受けた人員（資料⑦）を見ると、有職少年で8,346人。無職少年になると11,252人となっている。19歳以下の少年1,000人に対して全国平均は132人と4倍の数となっている。青少年にとって、現代の沖縄の現実は魅力のある社会ではない、居心地の悪い社会なのではないかと思われてならない数字である。

　そのことを裏付けるかのような調査結果がある。1つは中学校及び高等学校卒業後の進路未決定率（資料⑧）である。
　中学校卒業後の進路未決定率は最近のもので2.5％（全国平均0.7％）となっている。高等学校卒業後についてみると、何と12.1％（全国平均4.4％）という凄まじさである。全国の約3倍であり、中学校卒も高校卒も共に毎年全国1位となっているのである。

資料⑦　不良行為の少年補導人員

		平成22年	平成23年	平成24年	平成25年	平成26年
沖縄県	小学生（未就学含む）	361人	334人	269人	279人	215人
	中学生	9,948人	11,526人	11,060人	17,117人	13,484人
	高校生	12,311人	12,875人	10,289人	12,439人	9,769人
	大学生	168人	142人	96人	101人	50人
	各種学生	326人	502人	241人	251人	287人
	有職少年	5,924人	6,534人	6,478人	11,240人	8,346人
	無職少年	12,239人	12,646人	12,454人	18,268人	11,252人
	総数	41,277人	44,559人	40,887人	59,695人	43,403人
	19歳以下の少年人口千対	125人	135人	124人	181人	132人
全国	総数	1,011,964人	1,013,167人	917,926人	809,652人	731,174人
	19歳以下の少年人口千対	44人	44人	40人	35人	32人

出所：「少年非行等の概況」（沖縄県警察本部）、「国勢調査」（総務省）

資料⑧　進路未決定率
中学校及び高等学校卒業後の進路未決定率

		平成12年	平成17年	平成22年	平成27年
中学卒業後	沖縄県（全国順位）	5.5%（1位）	3.5%（1位）	4.3%（1位）	2.5%（1位）
	全国	1.4%	1.2%	1.1%	0.7%
高等学校卒業後	沖縄県（全国順位）	29.0%（1位）	20.9%（1位）	17.9%（1位）	12.1%（1位）
	全国	10.0%	6.6%	5.6%	4.4%

出所：「学校基本調査」（文部科学省）

最後に若年無業者（15～34歳の非労働人口のうち、その他に分類される者）の数を見てみると、沖縄は15,000人。対象人口当たりでみると4.6（全国平均2.1）となっている（資料⑨）。

資料⑨　若者無業者数
若年無業者（15歳～34歳の非労働力人口のうちその他に分類される者）

		平成14年	平成18年	平成22年	平成26年
若年無業者	沖縄県	1万人	1万2千人	9千人	1万5千人
	全国	64万人	62万人	60万人	56万人
対象人口当たり	沖縄県	2.7%	3.2%	2.6%	4.6%
	全国	1.9%	1.9%	2.1%	2.1%

出所：「労働力調査」（総務省）

　ここ数年の沖縄における、子ども・若者の生活実態の中で気になるものに絞って数字を見てみると、このような傾向が見られる。
　子どもという存在は、早く大人になり、自分のやりたいことをやりたいと希望に胸を膨らませて成長するものである。
　その意味からいえば、小学生から中学、高校へと進学するに従って、その夢や希望が具体的になって社会へ巣立っていくはずである。ところが、沖縄の子どもたちは成長するに従って、そうした夢や希望が逆にしぼんでいっているようにすら見える。
　どこかで将来への夢を捨て「あきらめ」ているのではないかとさえ思わせる数字が並んでいるのである。
　こうした時代や社会の変化は、教育関係者、福祉関係者の間では以前から感覚的には分かっていたことではないかと思う。しかし、この数年その傾向はより深刻になってきているように思われる。
　そして、この背景には日本の社会全体で「貧困」が無視できない状況になってきているという指摘がされるようになってきた。
　2014年7月に厚生労働省がまとめた「平成25年度国民生活基礎調査」によると、2012年の日本の子どもの貧困率は16.3％と過去最悪の数字となったと記されている。

そして2014年1月17日「子どもの貧困対策の推進に関する法律」が施行された。この法律では「子どもの将来がその生まれ育った環境によって左右されることのないよう、貧困の状態にある子どもが健やかに育成される環境を整備するとともに、教育の機会の均等を図る」と書かれている。

　そしてその中には教育の支援、生活の支援、保護者に対する就労の支援、経済的支援、調査研究の実施などが盛り込まれた。また2014年8月には「子どもの貧困対策に対する大綱」も制定された。

　こうした変化の中で、子どもたち自身は貧困をどのようにイメージし、考えているのかを知りたいと思い「セイブ・ザ・チルドレン」の方々の協力を得ながら2011年にインタビュー調査を行った。

Ⅱ. 子どもにおける「貧困」とは何か

　沖縄における子どもの実態を知るためには、子どもたちの集まっている場に行くのがよいと考え、学童保育や児童館、放課後の子どもたちの集まる場所に行き、インタビューの形で貧困にまつわるさまざまな思いを聴くことにした。
　その後のインタビューをまとめた全体図を見ると、以下のようなものになった（資料⑩）。

資料⑩　子どもによる貧困と貧困克服のイメージ

◎ 貧困のイメージと現実感覚

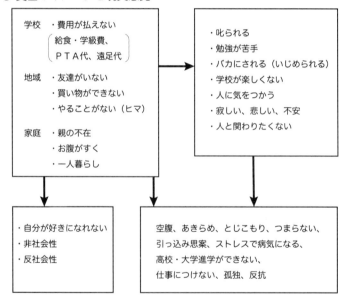

◎ 貧困克服のイメージと可能性
・最低生活（衣食住）の保障（安定化）
・お金に対する不安の解消（無料化、給付化）
・人間関係の形成保障（友達、相談保障）
・将来への選択肢保障（進学、就職支援）

この調査は2011年6月に行われたものである。まず、子どもたちの生活の場である「家庭」「学校」「地域」に分けて、そこで「貧困」（貧しいために困ったこと）というとどんなことが思い浮かぶかを聴いた。
　子どもたちにとって、貧困とすぐつながるのは学校を中心としたもののようで、学校生活で困ったことが次々と出されてきた。
　貧困というと、子どもには「お金がなくて困ったこと」がすぐに浮かんでくるようであった。学校に支払わねばならないお金が払えない時のつらさ、恥ずかしさがまっ先に上がった。
　学級費、ＰＴＡ会費、給食費、遠足代、その他次々と必要になる文房具の費用のことを子どもたちは頭に浮かべるようだ。その時、お金がなくて払えない時、仲々言えずにつらかったという。
　また、友達がそうなっているのが分かった時、どう声をかけていいか分からなくて困ったという話もしてくれた。
　つまり、学校で払うべきお金が支払えないこと、それが貧乏、貧困の現実になっていた。学校が終わって帰ってくると、まず学習塾やスポーツクラブ、習い事に行く子と行けない子に分かれてしまう。
　すべて費用がかかり、お金のない子は塾へも習い事にも行かれない。学童保育にも費用が払えなければ行けないことになる。
　したがって、どこにも行けず、友達もいなくなってしまい、淋しい思いをすることになる。友達にやっと出会っても、「何か買いに行こう」と言われると、おこずかいを持っていないので一緒に行かれない。
　つまり、地域に帰ってきても友達がいなくなり、買い物にも行けないので、どうしても1人ぽっちになり、やることが無くなってしまう。その結果どうしても家に1人でいることが多くなる。
　では、家に戻るとどうなるかといえば、両親ともに働きに出ていて帰りも遅い。妹や弟がいれば面倒を見ることになるし、1人でいれば漫画を見るかゲームをするか、テレビを見るしかない。
　両親が遅くなると、空腹を抱えて1人で待つことになる。
　自分で作ることもあるけれど、どうしても簡単なものを作るか、コンビニで安いお弁当か菓子パンを買ってきて食べることになる。こうした子どもたちの暮らしが見えてくる。

学校、家庭、地域でこのような日常がくり返されていると、いつの間にか人と会うのが面倒になってしまう。会うと気を使わなければならないし、一緒にやれないことも多いので、人と関わりたくないと思うようになる。
　いつの間にか学校に行くのも嫌になってくる。勉強にも身が入らないし、やる気もなくなってくる。何となく勉強も嫌いになるし、授業が楽しくなくなる。分からないこと、出来ないことの方が多くなると勉強は苦手になってしまう。
　そのうちに、先生に叱られることが多くなってくるし、友達にもバカにされているような気になってしまう。
　いろいろな理由をつけて仲間外れにされたり、悪口を言われたり、時にはいじめられるようなことも起こってくる。
　お金がなくて困っていると、引っ込み思案になってしまうのではないかと多くの子どもたちは考えているようだ。
　その結果、何をやってもつまらないし、やる気もなくなってあきらめてしまうようになる。中でも一番つらいのが、食べ物がなかったり、好きなものが食べられないこと。いつもお腹をすかしているようになるのではないかという意見も多かった。
　そういう体験をしている子どももいた。
　そうすると将来どうしようかという夢も希望もなくなっていく。
　どうせ、高校や大学へも行けないだろうし、卒業しても就職できないかもしれない。
　働いてお金を稼ぎたかったけれど、それもできないと何もすることがなくなってしまう。淋しいし、つらいし、誰とも会いたくなくなってしまう。
　どうせ自分なんか、いてもいなくてもいいんだ、とやけっぱちにもなる。
　こうした構造が、子どもたちとのインタビューの中から浮かび上がり、資料⑩のような全体像が見えてきた。
　このインタビュー全体図を見ていると、現代の子どもたちの暮らしがどのようなものなのかが分かるような気がする。
　かつて、第2次世界大戦の後、多くの人々は厳しい生活を強いられて

きた。しかし当時、人々はそれを「貧困」とは言わなかった。経済的には厳しかったので「貧乏」と言っていた。

この時代、誰もが「貧乏」であった。家も品物も家族も失い、お金もなかった。けれども人々は、そこであきらめ、孤独になることはなかった。

誰もが貧しくなったけれど、もう戦争は終わり、爆弾が落ちることはないという安心感から、何とか生きようとした。

お互いに支え合い、声をかけ合い、分け合って生きようとしてきた。つまり仲間がいたし、生きるために努力しようという気持ちがあふれていた。

これからの社会は、今よりは良くなっていくに違いないという確信のようなものがあった。単純化していえば「希望」があった。

そして一緒に助け合い、生きようとする人々がいて1人ぼっちではなかったということができる。

生きづらい時代、生きることが困難な社会、困った時、人はどうやって生き抜いてきたのかと振り返った時、モノやお金がなくとも支え合う仲間、信頼できる人がおり、将来への希望、可能性が見えたり感じられれば、人は困難を乗り越えて生きようとする。

つまり、あきらめない。

ところが現代の「貧困」には、その根底にある生きようとする意欲やエネルギーがなくなっているような気がする。

「貧困」とは何かと、あえて問うとすれば大きく3つの要素があると考えられる。

まず第1に「経済的貧困」である。これは「貧乏」ということになる。金銭やモノがないという現実である。

第2は、相談したり助け合える仲間や友人、信頼できる人がいないということである。これは「人間関係の貧困」ということになる。1人ぼっちになり孤独の中で生きねばならないということである。

話し合う相手も頼れる人もいない中ですべてを1人でやりぬくということは、不可能に近い。共に生きる存在がいて人は、はじめて「生きよう」という気持ちになるものである。

あの人のために何かしてあげたいと思った時、人は動き始め、相手が

喜んでくれた時、自分の存在を認めることが出来る。

　第3は「希望の貧困」とでも名付けるべき内容である。何かがしたい、誰かに会いたい、どこかへ行きたい、という内側からあふれるような欲求、思いが人にはあるのだが、それが消え失せてしまう時、希望の反対の「あきらめ」が生まれる。

　その時、人は生きる意欲を失ってしまう。現代の子どもにとって、この3つの貧困が重なり合い、重くのしかかっているような気がする。この「貧困」の「重圧」をどう乗り越えたらよいのか。

　先の子どもたちのインタビュー全体図の最後に貧困克服の可能性が示されているが、これも子どもたちが語ったものである。

　経済的貧困については、社会保障制度の充実によって誰もが最低限度の文化的生活ができるよう支援体制がつくられ、特に子育てに関わる養育には社会的支援の整備が行われることが必要になる。

　また、人間関係の大切さは、基本的に地域社会での相互扶助、支え合いの関係が形成されていくこととつながり、現在最も求められているものである。

　将来への選択肢については、学びたい子どもたちを受け入れ、それぞれの進路を保障していく体制が求められており、社会に必要とされている職業が生み出されていくことと重ね合わせつつ充実させていく必要がある。

Ⅲ．沖縄県子ども調査から見えてきたもの

　2015年、沖縄県は「子どもの貧困調査」を実施することを決定し、沖縄県教育委員会及び沖縄県の市町村の協力を得て、県内の子ども（小学1年生、5年生、中学2年生）と、その保護者の生活実態を把握することを目的として本格的な調査を実施した。

　その業務の委託を受けて調査を実施したのは、筆者も研究員として参加している一般社団法人「沖縄県子ども総合研究所」である（調査期間は2015年10月から11月。抽出した児童生徒数は県内全児童の約10％程度）。

　その調査結果は沖縄県から2016年4月には正式に発表されたが、ここ

ではその中から見えてきたものを中心に報告したい。

まず、沖縄県市町村データを用いた「子どもの貧困率」である。

沖縄県下の41市町村のうち、子どもの貧困率算出に関するデータの提供があった35自治体の可処分所得算出用データを使用し、そのうちすべてのデータが突合可能であった8自治体を用いて子どもの相対的貧困率と、18〜64歳の大人が1人の世帯（ひとり親世帯）の貧困率を算出した。

その結果、子どもの相対的貧困率は29.9％。ひとり親世帯の貧困率は58.9％となった。

前にも書いたように、子どもの相対的貧困率の全国平均は16.3％である。したがって、その2倍になっている。つまり3人に1人が相対的貧困ということになる。

子どもたちの生活状況、経済状況は厳しいと言われてきたのだが、今回は県内の実値的貧困率は約30％ということが可視化されることになった。

貧困率の算出の中心になっていただいた阿部彩氏（首都大学東京教授）は「本調査で暴き出された沖縄の子どもの貧困は非常に深刻だ。貧困率の高さもあるが、食料の欠如や家計の状況など、子どもの生活そのものが脅かされている現状が明らかだ。

また、ここで示された多くの項目において、沖縄の子どもの状況は他地域の子どもの状況よりも深刻な状況であることを示している」とコメントしてくれている。

例えば過去10年間に電気やガス、水道などのライフラインが止められたり、過去1年の間に食料品が買えなかったりする経験があると答えた保護者が20％近くいるという事実が明らかになっている。

ライフラインが止められるということは、滞納後数か月経ってからと思われるので、単に所得が低いというだけでなく、実際に生活していくうえでお金が回らなくなっている深刻な状況だということが伺える。

また、食料が買えないということは、育ち盛りの子どもにとって、最も大切な成長を阻害することにも通じている。こうした状況にいる子どもや家庭を援助するためにつくられている「就学援助制度」があるのだが、今回の調査で貧困層の半数が利用していないこともわかった。

周囲からの目を気にしているため利用しなかった家庭もあるが、この

制度を知らなかった貧困層の家庭が20％余りもあったことには驚かされた。
　厳しい生活の中にいる子どもたちを援助するための制度や資金の存在すら知らされていなかったという、いわば「情報の貧困」という現実も今回ハッキリと浮かび上がってきたことになる。
　学校や教育委員会、また自治体による丁寧な周知や手続きへのサポートが本格的に行われることも、これからの大きな課題となってきたといえる。
　現在、沖縄県は乳幼児から青年期、さらに保護者へのさまざまな支援策を立案中で、2016年4月からの新年度に大きな変化が見られる状況になっている。ライフステージに応じた貧困世帯への支援策として現在、沖縄県が考えているものの中で主なものを列挙してみる。

〈乳幼児期〉
　■乳児全戸訪問事業における訪問率アップ
　　83％（2013年度）→92％（2021年度）
　■医療の窓口での支払いが困難な子育て世帯への対策

〈小・中学生期〉
　■放課後児童クラブ（学童保育）の利用料低減
　■必要な児童生徒に対する就学援助の充実促進

〈高校生期〉
　■県外大学進学者への給付型奨学金
　　年間100人（2021年度）
　■高校進学率
　　96.4％（2015年度）→98.5％（2021年度）

〈支援が必要な若者〉
　■地域経済界の協力を得て、中卒無職少年を雇用する仕組みの構築
　■児童養護施設で暮らす若者の措置延長

〈保護者〉
- ■「居宅支援事業」の実施市町村拡大促進
- ■ひとり親家庭の就労・生活支援を手掛けるコーディネーターの育成
- ■妊娠期から子育て期をワンストップで支援する「子育て世代包括支援センター」の設置促進

　こうした主なものを列挙しただけでも沖縄県が今回の調査結果を受け止めて真剣に対策を作っていることがよく伝わってくる。何よりも他のどの県も取り組めなかった貧困率を算出したことの意義は大きい。
　子どもたちの置かれた現実を見つめ、その事実から対策を立てることが子どもや子育て中の家族のニーズに沿った対応が生まれてくる基本なのである。

Ⅳ．共育的関係構築のための新たな地平へ

　本研究を始めるにあたって、出来るだけ具体的な現実と向き合いその中から見えてくるものを大切にしていこうと考えてきた。その結果、ハンセン病児の教育、学童保育、保育園、病弱児教育、聴覚障がい児教育、公園（遊び場）、不登校児支援、家族、里親制度、ファミリーホーム、寄宮地域の子ども、学園都市構想、子ども会、放課後子ども教室、中学校教育、地域づくり、子ども実態調査（アンケート、アンケート分析）などを行うことになった。
　その中で調査研究主体である沖縄大学と寄宮地域との具体的なつながりをつくっていくこと。大学も地域の１つの場として関わっていくこともできるようになった。
　また、どんな場合も当事者（子ども、若者、地域住民、障がい者（児）自身、教師、親など）の声と思いをシッカリと受け止め交流するところからすべては始まるということも理解できるようになった。
　その結果、そこでかかわり合うすべての参加者が実は当事者であり、１人ひとりが主体であったという発見もあった。
　したがって、参加する人が互いに関わり合いつつ、そこで新しい発見

をし、気付き、人間として新たに成長していく、つまりお互いが学び合い、育ち合っているのだということも納得がいくことになった。

　子どもと関わる時、大人は養育者であり指導者であり支援者、教育者にどうしてもなってしまう。

　しかし、大人もまた子どもや他の大人と関わることによって、共に育っているのが本質的なことであり、それ故に参加してうれしいし、楽しいと感ずるのである。

　これが「共育的関係」であると私たち自身も長期に渡る共同研究で学ばせてもらったことになる。

　今回の沖縄県による「子ども調査」の中で経済的に厳しい子ども（貧困層）も、そうでない子ども（非貧困層）もほとんど変わらなかった項目がある。

　それは、学校、地域での人間関係の項目である。あいさつをしたり、一緒に遊んだり、地域の祭りや文化的行事に参加する時、子どもたちは楽しんでおり、積極的に参加しているということが分かった。

　ここでは、どんなに経済的には貧しくとも互いに交流しあう、人間の原型があると感じられたのだが、沖縄にはその基本が今も生き続けているということになる。

　子どもは家庭の中だけで育つのではなく、地域社会の中で育っていくという昔からの人間の営みが沖縄では脈々と生きていることがこの調査から明らかになったのである。

　しかし、現在の市場経済中心主義、個人主義が進んでしまえば、子どもたちも孤立し、この豊かな人間社会、沖縄社会の源流も消えてしまう不安がある。

　沖縄では、子どもの貧困に関心が集まる中で、また経済的に厳しい子どもたちの現実を知った人たちが、自主的に「子ども食堂」をつくり、安くておいしい食事を提供するようになったし、無料の「学習塾」も生まれてきている。また、さまざまな奨学支援金を提供する団体やグループも生まれてきている。

　これらの動きは、沖縄の新しい地平を切り拓く活動だという気がする。

　沖縄弁護士会の方々が中心になる「子どもシェルター」も2016年4月

にはスタートする。既成の学校や児童館、公民館、学童保育（放課後児童クラブ）、子ども会、学習塾も地域に根付き、共育的関係を紡ぎながら、ひとつひとつの関係をつないでいくことになっていくのではないかと思っている。

沖縄の厳しい生活、子どもにとっても厳しい現実は琉球という独立国が島津藩によって侵略を受け、第2次世界大戦では日本の捨て石としての地上戦が行われて以来、今日まで続いてきている。しかも焦土となった沖縄の地はアメリカによる統治となり27年。

1972年に日本に復帰したものの、日本本土との格差は埋まらず、厳しい経済状況は続いてきている。

こうした状況の中で、1人ひとりが自分の思いを言葉にし、本当にやりたいことをやるために立ち上がり、例えば聴覚障がい児（者）が自分たちの学びの場をつくり出したこと。これは日本だけでなく世界的にも注目される「共育的関係」の1つといえる。

こうしたひとつひとつの試みが、人と人をつなぎ、社会的なうねりとなって、本来の沖縄の文化と歴史、暮らしをつくっていくことになると思われる。

私たち共同研究のメンバーは、この貴重な歴史的な瞬間に出会え、それぞれに生きていく上で大きな指針を得ることが出来た。

沖縄大学地域研究所のご支援に感謝し、沖縄の地で暮らす人々、そして現在、学びながら育っている子どもたち、若者たちと共に私たちも今後共に学びつづけていきたい、と強く念じている。

〔第4章　注〕

第2節　「寺子屋」エスノグラフィー
　　　──聴こえない生徒たちと「寺子屋」という生き方（横山正見）

(1) 横山（2007）では、沖縄県内大学に在籍する聴覚障がい学生6名の学校経験を中心にライフヒストリーをインタビューし、多くの聴覚障がい学生から小学校から高校までの地域校における困難経験が聴かれた。横山（2011）では、そのうち2名をとりあげ詳細なライフヒストリーを記述した。
(2) 聴覚障がい学生支援の発展と普及を目的としたネットワーク組織。2004年に設立され事務局は筑波技術大学にある。全国シンポジウムの開催、教材開発、情報発信、研修会等を行う。現在23の大学・機関が拠点校として加入している。教職員のみならず聴覚障がい学生・支援学生のスキルアップや交流の機会もあることが特長である。

【参考文献】

第2節　「寺子屋」エスノグラフィー
　　　　――聴こえない生徒たちと「寺子屋」という生き方（横山正見）

沖縄県　1972-2015年　「昭和47年度-平成27年度 学校基本統計（基本調査）」
　　http://www.pref.okinawa.jp/toukeika/school/2015/hyou_gakkou_k.html
沖縄県教育委員会　1983年　「聴覚障害児教育」『沖縄の特殊教育史』pp159-173
沖縄県立沖縄ろう学校　2000年　「本県における聾教育の歩み」『沖縄ろう学校設立75周年記念誌』pp162-165
沖縄県立沖縄ろう学校　2015年　「学校の概要」　http://www.okiro-sh.open.ed.jp/
金澤貴之　2001年　「聾教育におけるリアリティのズレ」『聾教育の脱構築』　明石書店　pp61-81
儀間真勝　1985年　「県立沖縄ろう学校のあゆみ」『昭和59年度研究紀要　第3集』沖縄県立沖縄ろう学校　pp93-100
林安紀子　2006年　「聴覚障害児の心理・行動特性と支援」『特別支援教育の基礎知識』　橋本創一他　明治図書
南保輔他　2013年　『ダルクの日々――薬物依存者たちの生活と人生』　ダルク研究会　星雲社
南村洋子　2001年　「聾の娘を持つ立場と手話との出会い、そしてトライアングルでの実践」『聾教育の脱構築』　明石書店　pp225-255
横山正見　2007年　「沖縄における聴覚障がい学生支援の現状と課題」『2006年度沖縄大学福祉文化学科卒業論文』
横山正見　2011年　「聴覚障がい者のアイデンティティ形成に関する研究～沖縄大学の「障がい原論」が提示している可能性」『2010年度沖縄大学大学院現代沖縄研究科修士論文』
横山正見　2013年　「風疹による聴覚障がい学生の追跡調査～沖縄大学での学生生活を中心に」『沖縄大学地域研究所　地域研究』No.11　pp43-51

第3節　沖縄の子どもに関する現代的課題（加藤彰彦）

沖縄県　2016年　「沖縄県子どもの貧困対策計画」
　http://www.pref.okinawa.jp/site/kodomo/shonenkodomo/seishonen/kosodatec/
　kodomonohinkon.html

おわりに

　5年間の共同研究を終えることができた。
　共同研究班を始めた頃、子どもの貧困は福祉や教育関係者など、多様な子どもと関わりのある人たちのなかでの関心事であった。しかし、沖縄の子どもの貧困が明らかになり、新聞やテレビで取り上げられるようになると、福祉や教育関係者のみならず、企業でも子ども支援が始まっている。私も身近な方から「子どものために何かやりたいのですが」と相談を持ちかけられることがあった。多くの方々の共通の課題として意識されるようになったのである。実際に子ども食堂の広がりは目を見はるものがある。
　しかし、この動きが地域社会に根付くためには、多分野の連携と息の長い取り組みが必要となるだろう。その際に、支える人たちを支えるシステムが必要になる。誰もが支える社会は、誰もが支えられる社会でもあるのだ。私は、沖縄の各地域で取り組まれてきた活動の中にヒントが隠されていると考えている。本書がテーマとする「共育的関係」が、そのシステムについて考察する手助けになれば幸いである。

　末筆になってしまったが、本調査研究では実に多くの方々にご協力を頂いた。大規模なアンケート調査から個人を対象としたインタビュー調査まで、さまざまなお願いをしてしまったが、快く協力して下さり頭の下がる思いであった。至らぬ点もあるが皆様の声を伝えたい、という思いで取り組むことができた。その意味でも皆様のご協力が本書の出発点である。心より感謝申し上げる。

　また、私たちに執筆と発表の機会を与えて下さった地域研究所の皆さまにも感謝している。発展途上の私たちに共同研究の機会も与えて下さり、地域共創叢書の記念すべき第1巻に私たちのテーマを選定してくださったのである。この間の共同研究は、私たちが独り立ちするための準

備期間であったようにも感じる。育てて下さり心より感謝申し上げる。

　加藤彰彦先生には在学中のみならず、修了後もご指導下さり、本当に感謝している。学長職という激務でありながら定期的に時間を作って下さり、いつも私たちを励ましアドバイスをくださった。行き詰まり、視野が狭くなっている時に先生のお話を伺うと、目の前の霧が晴れるように新たな方向性が見えるものだった。微力ではあるが、先生のお仕事を受け継ぎ、発展させていきたい。

　共同研究メンバーにもお礼を申し上げたい。人生経験も背景も異なる私たちだったが、励まし合い、切磋琢磨しながら共同研究を続けることができた。勉強会の折、嘉数睦さんは、度々「この年になって、本当に学ぶことが楽しいと感じています」と話しておられた。私も学びながら人生経験を積み重ねたいと思っている。この出版をもって共同研究は一区切りとなるが、各自の現場で研鑽を深め、そのなかで考えたことを持ちより、また勉強会でお会い出来る時を楽しみにしている。

　そして、個人的なことで恐縮だが、私は生まれ育った地域に暮らし働き、ここで子どもを育てたい、ここで人生の終わりを迎えたい、と思えるような地域をつくりたいと思っている。
　沖縄大学で学んだ私のこれからの仕事は、誰もが幸せに生きられる地域をつくることである。縁ある方々と、ゆっくりじっくりやっていこう。楽しい仕事になりそうだ。

　榕樹書林の武石和実様には、出版に当たり大変お世話になりました。憧れの榕樹書林から私たちの本を出すことができ、大変光栄に思っております。

2016年7月

横山　正見

執筆者のプロフィール

加藤　彰彦（かとう　あきひこ）
沖縄大学名誉教授。
横浜市児童相談所（児童福祉司）、横浜市立大学教員、沖縄大学教員、学長等を経て現職。
著書、野本三吉名にて『裸足の原始人たち』、『近代日本児童生活史序説』、『沖縄戦後子ども生活史』等。また編著に『沖縄子ども白書』等がある。

石川　幸代（いしかわ　さちよ）
沖縄県立看護大学看護教育支援専門委員。
沖縄大学大学院現代沖縄研究科修了、沖縄大学地域研究所特別研究員。
沖縄県立病院看護部長等の看護職、沖縄県立看護学校の看護教員、名桜大学人間健康学部看護学科教員等の看護師養成を担い、現職。

石田　友里（いしだ　ゆうり）
自治体職員。
沖縄大学大学院現代沖縄研究科修了、沖縄大学地域研究所特別研究員。
アジア、中米の貧困層の子ども・青少年支援活動、日本国内での国政協力事業を経て現職。横浜と沖縄での子育てを経験し、沖縄の認可外保育施設の多さに着目し調査研究している。

小笠原　快（おがさわら　かい）
子ども家庭支援センター職員。
沖縄大学大学院現代沖縄研究科修了、沖縄大学地域研究所特別研究員。
大学院では都市コミュニティの研究を行う。保育園、児童養護施設職員等を経て現職。

嘉数　千賀子（かかず　ちかこ）
公立中学校教諭。
沖縄大学大学院現代沖縄研究科修了、沖縄大学地域研究所特別研究員。
自身の子育て経験をベースに、学童保育や公民館活動など地域における子どもたちの居場所をテーマとしている。公立中学社会科教諭。

嘉数　睦（かかず　むつみ）
沖縄女子短期大学非常勤講師。
沖縄大学大学院現代沖縄研究科修了、沖縄大学地域研究所特別研究員。
障害児教育（特別支援教育）を中心に教員生活を送り沖縄県立沖縄盲学校　校長定年退職後、沖縄大学大学院を修了し、現職。

横山　正見（よこやま　まさみ）
首都大学東京 都市教養学部人文・社会系（ダイバーシティ推進室）特任研究員。
沖縄大学大学院現代沖縄研究科修了、沖縄大学地域研究所特別研究員。
在学中より障がい学生支援に関わり、沖縄大学障がい学生支援コーディネーター、非常勤講師等を経て現職。

沖縄のこどもたち
過去・現在・未来

沖縄大学地域共創叢書 01

ISBN 978-4-89805-187-0 C3337

2016年8月18日　印刷
2016年8月22日　発行

編　者　加　藤　彰　彦・横　山　正　見
発行者　武　石　和　実
発行所　榕　樹　書　林

〒901-2211　沖縄県宜野湾市宜野湾3-2-2
TEL. 098-893-4076　FAX. 098-893-6708
E-mail：gajumaru@chive.ocn.ne.jp
郵便振替　00170-1-362904

印刷・製本　㈲でいご印刷
©Kato Akihiko 2016 Printed in Japan

沖縄学術研究双書

① バウン号の苦力反乱と琉球王国
西里喜行著　　　　　　　　　　　　　品切れ、定価(本体2,000円+税)

② 近世・近代沖縄の社会事業史
末吉重人著　　　　　　　　　　　　　品切れ、定価(本体2,800円+税)

③ 交錯する琉球と江戸の文化
唐躍台本「琉球劇文和解」影印と解題

板谷　徹著　琉球江戸上りにて演じられた「唐踊」はいかなるものだったのかを東大図書館蔵の「琉球劇文和解」から読み解く。　202頁　定価(本体2,600円+税)

④ 沖縄戦史研究序説　国家総力戦、住民戦力化、防諜

玉木真哲著　沖縄戦下の「防諜」をキーワードに、日本軍と住民との関係を明らかにする。　　　　　　　　　　　　　241頁　定価(本体2,500円+税)

第40回伊波普猷賞受賞
⑤ 琉球王国時代の初等教育　八重山における漢籍の琉球語資料

高橋俊三著　　　　　　　　　品切れ、322頁　定価(本体2,800円+税)

2013年度沖縄出版文化賞受賞
⑥ 沖 縄 昆 虫 誌

東　清二著　琉球列島の昆虫の生態、歴史と文化との関わり、研究者群像とその成果を自然への熱い想いをこめて語る。　276頁　定価(本体2,800円+税)

⑦ 華夷秩序と琉球王国　陳捷先教授中琉歴史関係論文集

陳捷先著／赤嶺　守監訳　台湾における琉球史研究の中心を担ってきた陳教授初の日本語訳論文集。琉球・台湾の学術交流の成果。261頁　定価(本体2,800円+税)

⑧ 沖縄の教師像 －数量・組織・個体の近代史

藤澤健一編／執筆＝藤澤健一、近藤健一郎、照屋信治、松田ヒロ子　沖縄の近代を担った教師達の実像を統計・証言・残存資料を駆使して解き明かした沖縄教育史研究の新地平。　　　　　　　　　　441頁　定価(本体4,800円+税)

⑨「海上の道」の汽船航路 －沖縄航路案内を読む

松浦　章著　汽船航路をめぐる船会社間の抗争や、運賃をめぐる紛争などを「沖縄航路案内」から読みとっていく。　158頁　定価(本体1,800円+税)